Ludwig Günther

Der Hexenprozeß gegen Katharine Kepler

Der Hexenprozeß gegen Katharine Kepler

Von

Ludwig Günther

Verlag von Alfred Töpelmann
(vormals J. Ricker) Gießen 1906

Der Titel der Originalausgabe ist 1906 im Verlag von Alfred Töpelmann erschienen. Für diesen Nachdruck wurde das Exemplar der Staatsbibliothek zu Berlin – Preußischer Kulturbesitz – benutzt (Signatur: 1a: N 571).

Weltbild Verlag GmbH, Augsburg 1998
Umschlaggestaltung: Erwin Wollenschläger, Augsburg
Gesamtherstellung: Grafischer Großbetrieb Pößneck GmbH.
Ein Mohndruck Betrieb
Printed in Germany
ISBN 3-8289-0318-5

Seinem lieben Schwager

Geheimrat Dr. Johannes Hofmeier
in Berlin

dem verständnisvollen Bewunderer Keplers

in Dankbarkeit gewidmet
vom Verfasser.

Inhaltsverzeichnis.

Vorwort

Unter den zahllosen Hexenprozessen, welche das Mittelalter im Gefolge hatte, kann wohl keiner ein so weitgehendes Interesse beanspruchen, als der, über den ich anhand der uns erhaltenen Akten in Nachfolgendem berichten will.

Handelt es sich doch in der Angeklagten um die Mutter eines unserer größten deutschen Gelehrten und edelsten Menschen aller Zeiten, des Astronomen *Johannes Kepler.* Der Sohn tritt, unterstützt von den namhaftesten Rechtsgelehrten, unter ihnen *Christoph Besold* und *Sebastian Faber,* als Verteidiger seiner der Zauberei angeklagten alten Mutter auf, und nicht zum wenigsten seiner, das gewöhnliche Maß weit überragenden, juristischen Fachkenntnisse, verbunden mit einer glühenden Beredsamkeit und aufopfernden Sohnesliebe war es zu danken, daß das Schlimmste abgewendet wurde.

Ein Bild des Kampfes vorurteilsfreier Männer mit dem zügellosesten Fanatismus des Hexenglaubens entrollt sich in dieser Tragödie mittelalterlicher Rechtskunde vor unseren Augen und gewährt uns einen tiefen Einblick in den Geist einer trüben Vergangenheit.

Dazu kommt, daß gerade die Verhandlungen dieses Blutgerichts, die, gegen die Sitte der damaligen Zeit, durchweg schriftlich geführt wurden, die maßgebende Behörde dazu bewog, vieles ins Bessere zu wenden, was bis dahin mit allzugroßer Härte in der Verfolgung und Abrichtung der vermeintlichen Übeltäter gesündigt worden war.

Und nicht allein für den Juristen und Kriminalanthropologen hat dieser Prozeß das lebhafteste Interesse, sondern auch dem Kulturhistoriker und Psychologen dürfte er manches Bemerkenswerte bieten: Er spielt, tief eingreifend in ein bürgerliches Menschenleben, in einer Zeitepoche, da Pseudowissenschaft, Alchemie und Astrologie ihr Unwesen trieben, wo die Verfolgung von Zauberern und Unholdinnen weit und breit bei den Theologen und Rechtskundigen für ein Gott angenehmes und dem Staate nützliches Werk gehalten wurde; und zwar in einem Lande, wo man sich um lutherisch-kalvinistische Meinungsverschiedenheiten blutig stritt und wo dennoch der krasseste Wunderglaube die tollsten Blüten trieb. Aus allen diesen Gründen scheint es gerechtfertigt, den Verlauf dieses Prozesses auch einem größeren, gebildeten Leserkreise zugänglich zu machen. – Dem engeren Fachkreise hatte ich die Arbeit im Auszuge schon vorher in dem von Prof. Dr. Hans Groß in Prag herausgegeben ‚Archiv für Kriminal-Anthropologie und Kriminalistik' Bd. XIX vorgelegt.

Die Akten selbst waren bis zum Jahre 1828 vollständig unbekannt. Erst da wurden sie von dem K. württembergischen Staatsrat *J. L. C. Freiherrn von Breitschwert* bei Gelegenheit der Durchsicht älterer Akten in der Manuskriptensammlung der K. öffentlichen Bibliothek zu Stuttgart aufgefunden. Breitschwert machte einiges daraus in der im Jahre 1831 von ihm bearbeiteten Keplerbiographie: ‚Johann Keplers Leben und Wirken' bekannt und legte das umfangreiche Faszikel wohlverwahrt in der Stuttgarter Staatsregistratur nieder. Später – 1860 – hat dann *Dr. Chr. Frisch* die Akten geordnet und sie wort- und buchstabengetreu unter dem Titel: ‚Judicium matris Kepleri' in seinem großen Werke ‚Joannis Kepleri Astronomi Opera Omnia' aufgenommen. Aus diesen Quellen habe ich bei meiner Arbeit geschöpft. –

Durch die in jahrelangem Studium der Werke Keplers mir erworbene genaue Kenntnis der Keplerischen Zeitepoche war ich in der Lage, die oft trocknen Aktenstücke zu beleben, sie organisch zu verbinden, hin und wieder vorhandene Lücken zu ergänzen und Undeutlichkeiten zu entziffern. Denn mit Ausnahme eines in lateinischer Sprache geschriebenen Briefes von Kepler an den Vizekanzler Sebastian Faber sind alle Schriftstücke in einem sehr korrumpierten Deutsch verfaßt. Im Interesse der Allgemeinverständlichkeit hielt ich es deshalb für geboten, die Schriftstücke in unser heutiges Deutsch zu übertragen.

In Fällen, wo man über den Sinn zweifelhaft sein könnte, habe ich den Wortlaut des Originals in einer Anmerkung mitgeteilt; diejenigen Wörter, die durch Modernisierung ihren eigentümlichen Zeitcharakter verloren hätten, urschriftlich aufgenommen, aber durch ‚ ‘ kenntlich gemacht. –

Um den Gang der Handlung nicht zu stören, sind die längeren Prozeßschriften in einen Anhang verwiesen. –

Möge das Buch, neben seinem eigentlichen Zweck, dazu beitragen, das Bild der vielbewegten Lebensschicksale unseres größten Astronomen zu vervollständigen und so auch bei den zahlreichen Keplerfreunden eine wohlwollende Aufnahme finden.

Fürstenwalde, Villa Hansminzi, im März 1906.

Ludwig Günther

I. Abschnitt.

Die Vorgeschichte des Prozesses.

‚Sein Lager nur erkläret sein Verbrechen.'

Katharine Guldenmann, die Tochter eines begüterten Schankwirts und Schultheiß in dem württembergischen Dorfe Eltingen, hatte sich, noch sehr jung, im Jahre 1571 mit *Heinrich Kepler,* einem Sohne des Bürgermeisters der Reichsstadt Weil, verheiratet. Katharine hatte keine glückliche Jugend verlebt. Nach dem frühen Siechtum ihrer lethargischen Mutter war sie meist der Obhut einer Base, der *Renate Streicher,* überlassen, einer wenig gut beleumundeten Frau, die auch später als Hexe überführt und verbrannt wurde. Heinrich, ihr Gatte, von adliger Herkunft und, wie Katharine, dem lutherischen Glaubensbekenntnis zugetan, war ein ungestümer und abenteuerlicher Mann, und da auch die Frau nur wenig Bildung erhalten hatte, von rauhen Sitten und Gewohnheiten und unverträglichem Charakter war*), so bildeten sich bald mißliche häusliche Verhältnisse heraus. Kurz nach der Geburt des ersten Kindes – des nachmals so berühmt gewordenen Astronomen *Johannes Kepler* – verließ der Vater seine Familie, um als Söldner des Herzogs von Alba gegen die Niederländer in den Krieg zu ziehen. Katharine

---

*) Es besteht ein astrologischer Brief *Keplers,* worin er das Aussehen und die Sitten seiner Mutter beschreibt: ‚... Sie ist klein, mager, brünett, schnippisch, streitsüchtig und von wenig freundlicher Gesinnung. Ihr Geist ist sehr unruhig und in den Wissenschaften ist sie nur wenig vorgeschritten, was bei einer Frau kein Wunder ist ...'

überließ ihr Kind den Großeltern zu Weil, wo besonders eine ihrer Familie befreundete Frau, *Appolonia Wellinger*, die auch aus Eltingen gebürtig war, die Pflegerin des kleinen Johannes wurde, und folgte ihrem Manne. Erst nach mehreren Jahren kehrte sie mit ihm zurück. Die Eltern siedelten nun nach dem nahen Leonberg, später nach Elmendingen, über, indessen der unruhige Geist des Vaters ließ es nirgends zu einem friedlichen Familienleben kommen. Sein Leichtsinn, mit dem er das nicht unbedeutende Vermögen der Mutter vergeudete, und die herben Vorwürfe, die ihm dafür zuteil wurden, mögen wohl dazu beigetragen haben, das Eheleben immer trauriger zu gestalten. Genug, der Vater verließ 1589 abermals seine Familie und trat in österreichische Kriegsdienste, in welchen er an den Feldzügen gegen die Türken teilnahm und darin wahrscheinlich seinen Tod fand; wenigstens ist er nie zu den Seinigen zurückgekehrt. Von den anderen Kindern Katharinens waren die Söhne *Christoph* und *Heinrich* das gerade Gegenteil von *Johannes*, und nur die Tochter *Margarete* glich ihrem Bruder in der kindlichen Treue, mit der sie der Mutter in ihrer späteren Not zur Seite standen. Christoph war Zinngießer geworden und hatte sich als Bürger in Leonberg ansässig gemacht, blieb aber im übrigen ein ungebildeter, in den Vorurteilen seiner Zeit befangener Handwerker, und Heinrich, das Ebenbild seines Vaters, verdarb ganz. Er lief aus der Lehre, zog in den Krieg, trat zur katholischen Kirche über und kehrte später mit einer herabgekommenen, großen Familie nach seiner Vaterstadt zurück, um hier in dem traurigen Geschick seiner Mutter eine höchst unrühmliche Rolle zu spielen.

Nachdem ihr Mann sie verlassen hatte, lebte die ‚*Keplerin*‘ oder das ‚*Kätherichen*‘ – wie sie nach damaliger Sitte genannt wurde – in Leonberg. Ihr schroffes und fahriges Wesen, das sich durch das Unglück in ihrer Familie noch verschärft hatte, trug ihr manche Feindschaft unter ihren Mitbewohnerinnen ein. Ungerechtfertigterweise wurde sie als die Ursache angesehen, warum ihr Mann Haus und Familie verlassen hatte, und es ging das Gerede, er müßte bei ihr ‚*noch mehr gefunden haben, als er anderen Personen habe anvertrauen dürfen*‘. – Ja, man ging so weit, die verlassene Frau verstohlen als ‚*Unholdin*‘ zu bezeichnen.

Mit den Jahren war sie immer mehr vereinsamt: Ihr Sohn *Jo-*

hannes war nach glänzend bestandenem Baccalaureats-Examen mit einem herzoglichen Stipendium zu weiterem Studium auf die hohe Schule nach Tübingen gezogen, ein berühmter Gelehrter und Astronom geworden und lebte nun am Hofe des Kaisers *Rudolph* in Prag als würdiger Nachfolger des *Tycho Brahe.* – Auch die Tochter *Margarete,* der Mutter guter Genius, war dem Pfarrer *Georg Binder* im Jahre 1608 als Ehegemahl nach Heumaden, einem Dorfe nahe bei Stuttgart, gefolgt.

So, verlassen von den Kindern, an denen sie noch Trost und Stütze gehabt hatte, wandte Katharine sich immer mehr einem seltsamen Treiben zu. Sie war nicht ganz unbewandert in der Heilkunde, schon ihre Mutter hatte sich damit beschäftigt*) und auch von der ‚Streicherin' hatte sie manches darin gelernt. Nun wollte sie sich damit bei ihren Mitbürgern nützlich machen. Das wäre an sich nicht auffällig gewesen, da zu damaliger Zeit die Weiber sich vielfach mit Beratungen der Kranken und Verfertigung von Arzneien abgaben; aber über den Kuren der Keplerin, die sie, ihrem Wesen entsprechend, mit allerhand seltsamen und geheimnisvollen Zeremonien begleitete, waltete offenbar kein günstiger Stern. Andere unvorsichtige Handlungen kamen hinzu, den schlimmen Verdacht als Unholdin gegen sie rege zu erhalten.

Als sie einstmals auf den Gottesacker ging, um das Kreuzchen auf dem Grabe eines kurz zuvor verstorbenen Enkelkindes mit einem Kranz zu schmücken, bemerkte sie, daß der Totengräber ganz nahe bei dem Grab ihres seligen Vaters ein neues aufwarf. Dabei fiel ihr ein, daß sie in Predigten gehört hatte, es sei das Trinken aus den Schädeln der verstorbenen Eltern Sitte bei den Friedensfesten einiger Völker, und auch bei Gelehrten und großen Männern ein schöner Brauch, sich damit an die Vergänglickeit aller irdischen Dinge und an die Sterblichkeit aller Menschen zu erinnern. Ohne sich über die Verfänglichkeit ihres Tuns Rechenschaft zu geben, ging sie zu dem Totengräber heran und bat ihn, er möge den Schädel ihres Vaters ausgraben und ihr überlassen. Sie wolle denselben in Silber

---

*) Kepler, in dem vorerwähnten Brief: ‚... Die Schwiegermutter, meine Großmutter, welche die auch vom Vater ausgeübte populäre Medizin erlernte –. ...'

fassen und ihrem Sohne, dem gelehrten Mathematiker in Prag, zum Geschenk machen. Der Totengräber war über ein solches Ansinnen gar erstaunt und erwiderte, daß er dergleichen nicht ohne Vorwissen der Obrigkeit tun dürfe, worauf die Keplerin von ihrem Begehren Abstand nahm.

Bei ihrem zweck- und ziellosen Umherlaufen in den Häusern und in den öffentlichen *Baderstuben,* diesen Brutstätten der Verleumdung und der Unmoral damaliger Zeit, nicht weniger durch ihr Sicheinmischen in fremde Angelegenheiten, zog sie sich manche üble Nachrede zu.

Einmal trat sie zu der ihr bis dahin ganz unbekannten Frau des Zieglers *Leibbrandt,* die im Kindbett lag und Schmerzen in den Beinen hatte, ohne alle Ursache ungerufen in die Stube und erbat sich, den Schaden zu heilen. Sie ließ sich die Stellen zeigen, befühlte sie und erklärte, es sei ein hitziges Rotlaufen. Sie übergab ihr ‚ein gelbes Stück, nicht unähnlich einem Feuersteinlein' mit der Anweisung, solches in Wasser aufzulösen und mit der dann daraus entstehenden Salbe das Bein zu bestreichen; nach deren Gebrauch würde das Übel verschwinden. Der Stein löste sich aber nicht auf – vermutlich weil man kaltes statt warmes Wasser gebraucht hatte – und als die Patientin dennoch mit dem Wasser das Bein bestrich, bekam sie so große Schmerzen, daß sie ‚zuletzt nicht mehr gewußt, wo sie bleiben solle und den Stein zum Fenster hinauswarf'. Das Bein aber blieb zeitlebens schadhaft.

Ein andermal kam sie zu einem Schneider, namens *Daniel Schmidt,* um nach Strümpfen und Hosenbändel zu fragen. Sie fand dort ein Kind, das an der englischen Krankheit darniederlag. Sofort kniete sie an dessen Bettchen nieder und murmelte, wie sie es bei Kranken, die sie glaubte mit Besprechen heilen zu können, zu tun pflegte, folgenden Segen:

‚Heiß' mir Gott willkommen
Sonn und Sonnentag.
Kommst daher geritten,
Da steht ein Mensch, laß dich bitten,
Gott, Vater, Sohn und Heiliger Geist
Und die heilige Dreifaltigkeit,
Gib diesem Menschen Blut und Fleisch
Auch gute Gesundheit.'

Das Kind aber starb nach wenigen Tagen. –

Zu ihrem täglichen Gebrauch und um Leuten, die sie besuchten, oder ihr Dienste leisteten, einen Trunk anbieten zu können, hatte die Keplerin stets mehrere zinnerne Kannen voll Wein mit Wermut, Kardone und Ingwer im Vorrat stehen. Ein Bader, *Michel Meyer* aus Reningen, der sie geschröpft hatte, bekam nach einem solchen Trunke Kopfweh und Erbrechen, höchst wahrscheinlich verursacht durch eine giftige Bleiverbindung, die sich durch längeres Stehen des scharfen Weines in den legierten Zinnkrügen gebildet hatte.

Noch schlimmer erging es ihr mit dem Schulmeister *Beittelspacher.* Dieser verkehrte viel bei der alten Frau, half ihr beim Lesen und Beantworten von Briefen und anderen Schriftstücken und hielt auch den Baumgarten der Keplerin in Ordnung. Dafür bekam er zur Herzstärkung von den verschiedenen Getränken. Er verfiel später in eine böse Krankheit, eine Art Rückenlähmung, so daß er seine Füße kaum voneinander setzen konnte. Auch eine Taglöhnerin, *Margretta,* des *Bastian Meyers* Hausfrau, die gleichfalls von dem Wein getrunken hatte, zehrte aus und starb. –

Zu allem diesen kam ein böser Auftritt mit ihrem Sohne *Heinrich.* Er war im Jahre 1614 von seinen Kriegszügen nach Leonberg zurückgekehrt und machte der Mutter viel Kummer. Es betrübte sie sehr, daß er die evangelische Lehre verleugnet und für ihre Vorwürfe darüber nur gottlose Antworten hatte. Als er eines Tages eine leckere Kost begehrte und sie ihm diese verweigerte, ging er in den Stall und stach in seiner Wut ein Kalb tot. Nach dem hieraus entstandenen heftigen Streit lief er davon, trieb sich in der Stadt umher, überall üble Reden über seine Mutter verbreitend und sie eines ‚ärgerlichen Lebens' bezichtigend. Unterdessen war der Mutter der Abschlag leid geworden. Sie war zu einer Nachbarin, der Ehefrau des Bäckers *Oswald Zahn,* gegangen, um Milch zu kaufen und einen Braten in den Backofen zu schieben. Zufällig starb an dem Tage ein Kalb der Bäckersfrau, und als Heinrich bald darauf in das Haus kam und davon hörte, sagte er: „Das hat meine Mutter zu Tode geritten, um das Fleisch mir vorzusetzen, sie ist *keine rechte Frau"* – was so viel bedeutete, wie eine Hexe. Als er weiter klagte, seine Mutter lasse ihn Hunger leiden, erwiderte die

Bäckerin: ‚Ei, das muß doch nicht so sein, sie hat einen schönen Kalbsbraten in unsern Ofen gesetzt.' – *„Den Braten mag der Teufel mit ihr fressen"*, schrie der schlimme Sohn und lief davon. –

Diese und noch viele andere ähnliche Vorkommnisse, die sich über einen Zeitraum von ungefähr fünfzehn Jahren verbreiteten, hatten den guten Ruf der mit zunehmendem Alter nur noch mürrischer und zanksüchtiger gewordenen Keplerin aufs schlimmste untergraben. Wenn auch der zweifelhafte Verlauf der meisten Krankenbehandlungen und Kuren ihrer Unvorsichtigkeit und dem unglücklichen Zufall zuzuschreiben war – auch die spätere Lähmung des Beittelspacher wurde auf einen Unfall zurückgeführt, den er beim Überspringen eines Grabens mit einem schweren Tragkorb erlitten hatte – so wurden grade diese Vorfälle von gewissenlosen und neidischen Leuten auf die gehässigste Weise gegen sie ausgenutzt.

Es bedurfte jetzt nur noch eines Anstoßes, um den Stein ins Rollen zu bringen. Dieser Anstoß fand sich in der Person des Eheweibes des Glasers *Jakob Reinbold, Ursula,* einer Frau von schlechtem Lebenswandel und boshaftem, klatschsüchtigem Charakter. Sie war eine Schwägerin des prinzlichen Forstmeisters *Reinbold,* der mit Katharinens Vater gut befreundet gewesen. Dadurch waren auch die beiden Frauen Freundinnen geworden. Sie verkehrten viel und sehr vertraut miteinander, traktierten sich mit Wein und Kuchen und mögen wohl oft ihre Bekannten und Nachbarn beklatscht haben. Als die beiden Weiber wieder einmal im Hause der Keplerin beieinander saßen, hatte Katharine neben dem Weinkrug für ihren Gast, einen ihrer Kräutertränke für sich stehen. Aus Neugierde kostete die Glaserin auch mal von diesem Trank, schob ihn aber gleich zurück und rief: *‚Kätherichen, was habt Ihr denn da? Das ist ja bitterer als Galle!'* – Zwei Jahre nach diesem Vorfall wurde die Reinboldin infolge eines Unterleibsleidens, das sie sich durch eigne Schuld zugezogen hatte, von Mutterbeschwerden befallen. Sie wandte sich dieserhalb an ihren Bruder, den Leibbarbier des Prinzen *Achilles, Urban Kräutlein,* der sich für einen großen Arzt hielt und sich auf sein Kurieren der verschiedensten Krankheiten viel zugute tat. Aber nach dessen Medikamenten wurde das Übel so schlimm, daß die Patientin in periodischen Wahnsinn verfiel. Um seine Quacksalberei zu bemänteln, meinte Kräutlein, der Zustand seiner Schwester müsse, da er sich durch natürliche Mittel nicht heilen lasse, ein unnatürlicher sein, und dieser könne nur durch diejenige Person, welche ihn ihr angetan habe, wieder behoben werden. Die Reinboldin dachte nun sogleich an Zauberei, und indem sie darüber nachsann, wer sie wohl behext haben könne, fiel ihr jener bittere Trank bei ihrer Freundin wieder ein, und sie verbreitete nun das Gerücht, das Kätherichen habe ihr einen Zaubertrank beigebracht.

Durch den Metzger *Donat Gültlinger* erfuhr Katharine davon und äußerte gegen diesen, der es sogleich überall weiter erzählte, der böse Zustand der Glaserin rühre von ihrem schlechten Lebenswandel und einer zersetzenden Arznei her, die ihr ein junger Apothekergeselle, um mögliche Folgen zu verhüten, hergerichtet habe; es werde mit ihr niemals besser werden, sie möge gebrauchen, was sie auch wolle. Hierdurch machte sie sich ihre bisherige Freundin zu einer unversöhnlichen Feindin, und als *Christoph,* der Zinngießer, die Reinboldin bald darauf noch zu Rede stellte wegen des üblen Geredes über seine Mutter und ihr einen unmoralischen Wandel vorwarf, da schwur dieses böse Weib, sich auf das Empfindlichste an der Keplerin zu rächen. Sie kramte nun die Geschichte von dem Zaubertrank auf allen Gassen aus, schrie den Vorwurf in Anfällen ihres Wahnsinns unter Jammern und Verwünschungen gegen das Kätherichen zum Fenster hinaus und empfing zur Bekräftigung ihrer Aussage aus den Händen ihres Beichtvaters, des Dekan *Buck,* das heilige Abendmahl darauf. In alle Häuser lief sie, fragte jeden, welche Hexenstücke sonst noch von dem Kätherichen bekannt seien, und trug das Geklatsch weiter. Leider fehlte es nicht an Gläubigen, die nur zu leicht geneigt waren, in der seltsamen alten Frau eine Hexe zu sehen. Ja, es gab selbst vornehme Personen, die fest von der Schuld der armen Verleumdeten überzeugt waren. Bald wußte dieser, bald jene Belastendes beizubringen, und so kamen alle die schon erzählten Begebenheiten, und noch viele andere, in Stadt und Land in Umlauf. Neid und Mißgunst, dazu der Umstand, daß der Sohn der Unholdin, Johannes, ein Astrologe, wie es hieß, zu hohen Ehren bei des

Kaisers Majestät in Prag gekommen war, und um den guten Ruf der Keplerin war es nun vollends geschehen: Man verbat sich ihre Besuche, wandte ihr den Rücken auf der Gasse, rückte in der Kirche von ihr ab, und alle unglücklichen Zufälle, welche in der Stadt vorfielen, wurden ihr zur Last gelegt. –

Ein ganz besonders gefügiges Werkzeug für ihre Rache fand die Reinboldin in dem kurz zuvor nach Leonberg versetzten Untervogt *Lutherus Einhorn.* Dieser Mann war ein echtes Kind seiner Zeit: Von ehrgeizigem, aber niederem Charakter, suchte er sich bei seiner vorgesetzten Behörde durch seinen Eifer im Aufspüren von Hexen lieb Kind zu machen. Er hatte in seinem Amtsbezirk schon mehrere verdächtige alte Weiber aufgegriffen. Seine Devise war das damals umlaufende heiße Wort: ‚Nur auf den Scheiterhaufen mit alten Weibern.' – So kam ihm dieser Fall sehr gelegen, um so mehr, da er sich als abgewiesener, einstmaliger Freier der Tochter Margarete von der Keplerin beleidigt fühlte, dann aber auch durch die Verwandtschaft der Glaserin mit dem Forstmeister Reinbold und dem Leibbarbier Kräutlein in der Gunst des Hofes sich befestigen zu können glaubte.

Die eingeschüchterte alte Frau wagte zunächst nicht, die Gerichte um Schutz gegen die über sie verbreiteten Verdächtigungen anzurufen. Desto leichteres Spiel hatten die Reinboldin und ihre Helfershelfer. Sie beschlossen, die Keplerin wegen Zauberei gerichtlich anzuklagen und suchten zu diesem Zwecke alle Anzeichen, an denen man eine Hexe zu erkennen glaubte, auf sie zu bringen.

Zu den Opfern des Hexenspürers Einhorn gehörte auch die *Appolonia Wellinger,* welche, wie wir wissen, der Guldenmannschen Familie von früher befreundet, und der besonders Katharine zu Dank verpflichtet war. Sie war Witwe geworden und ernährte sich durch einen kleinen Gewürzladen*), mit dem sie im Lande umherzog. Auf *‚überaus böses Zeugnis und gräßlich auf sich geladenen Verdachts der Hexerei halber'* war sie in Leonberg angeklagt

*) In der Originalakte: „Würthsladen". Es wäre dabei auch an Wirtsladen zu denken, also einen kleinen Ausschank, indessen dürfte wohl die obige Deutung die richtige sein.

und wiederholt der Folter unterworfen worden. Auf diese Freundschaft hin und, ‚*weil sie und die Keplerin hier vor der Zeit schon gute Kundschaft gehabt*' suchte nun Einhorn, dem jedes Mittel recht war, um zum Ziel zu gelangen, von der in seiner Gewalt befindlichen unglücklichen Wellingerin das Geständnis zu erpressen, sie und die Keplerin gehörten zur Gesellschaft der Hexen. Als sie dies nicht eingestehen wollte, wurde sie so grausam gefoltert ‚inmaßen ihr der Daumfinger in der Waag hangen geblieben'. Aber Appolonia bestand auch diese schreckliche Tortur, ohne sich eine solche Lüge abpressen zu lassen. Einhorn wußte sich indessen zu helfen. Er ließ durch den Wächter der Wellingerin, *Jörg Haller*, aussprengen, die Keplerin sei nächtlicherweile vor die Tür des Turmes, worin die Inkulpatin gefangen gehalten wurde, gekommen und habe sie angerufen, sie solle schweigen und nichts bekennen, habe sie auch ausgeforscht, was sie im Verhör bekannt, auch daß sie früher beide entweder zu Heumaden oder an anderen Orten vielfältig zusammengekommen und sich also miteinander unterredet und besprochen hätten. Die Frau des Jörg Haller, die ‚*Schinders Burga*', ein leichtfertiges Weib, das sich mit Kopfmessen, d. h. mit der Kunst aus den Maßen des Kopfes unter Hersagen gewisser Formeln prophezeien, und mit anderen Gaukelspielen zum Nachteil ihrer Mitmenschen, befaßte, erzählte, sie habe aus dem Maß des Kopfes der Reinboldin ersehen, daß die Keplerin diesen verwirrt habe. Zwar durften solche, von betrügerischen Künsten abgeleiteten Indizien schon damals nicht an Gerichtsstatt vorgebracht werden; sie hatten aber auf das Volk großen Eindruck und waren für die Gegner insofern von Wert, als sie den allgemeinen Ruf der Beschuldigten, worauf der Richter besonders sah, verschlimmerten.

Um belastendes Material gegen die arme Frau zu erlangen, stellte man ihr förmlich Fallen. Einstmals hatte Katharine einer armen, kranken Person in einem Nachbardorf etwas Wein gebracht. Es drohte ein schweres Gewitter niederzugehen und deshalb beeilte sie sich, auf dem nächsten Wege nach Hause zu gelangen. Unterwegs begegnete ihr auf offenem Felde der Gerichtsbeisitzer und Metzger *Stoffel Frick*, der auch zum Anhang der Reinboldschen Familie gehörte, und rief ihr zu: ‚Nun Kätherichen, was hat sie denn bei diesem Unwetter auf dem Felde zu tun?' – Nun glaubte man damals allgemein, die Hexen müßten sich, wenn sie ein böses Wetter erregen wollten, ins freie Feld begeben, und die Keplerin, die sich über solchen Verdacht ärgerte, rief ihm zu: „Solche Reden kann ich Euch wohl wett machen", womit sie ihm nichts anderes zu verstehen zu geben begehrte, als zu bedenken, daß auch in seiner Verwandtschaft ‚zwon alte Weiblein mit Hexerei stumpfiert wurden', und sie ihm so also nur mit gleicher Münze bezahlt zu haben vermeinte. Frick aber beutete den Vorfall so aus, als habe die Keplerin ihm mit Schädigung an Leib und Leben gedroht: ‚Es sei ihm sogleich ein Schmerz in seinen rechten Fuß gefahren, den er auch behalten, bis er hernach von der Emporkirche herab das böse Weib unten habe stehen sehen und dreimal vor sich hin gemurmelt habe: *Kätherichen, hilf mir um des dreieinigen Gottes willen,* worauf der Schmerz sofort verschwunden sei! Eine solche Aussage war zu damaliger Zeit ein wichtiges Zeugnis. Es wurden darin drei der schwersten Indizien der Zauberei gefunden, *daß nämlich die Frau zu zaubern gedroht, die Drohung ausgeführt und den ersten Zauber durch einen zweiten gelöst habe.* –

Da die Reinboldsche Sippschaft nunmehr die Beweise für ihr Vorhaben in Händen zu haben glaubte, ging sie immer dreister vor, um so mehr, als die Keplerin sich durch ihre Handlungen und scharfe Reden in der Tat manche Blößen gegeben hatte. Zuletzt ließen sich die Helfershelfer der Glaserin zu einem schier unglaublichen Gewaltakt hinreißen: Im August des Jahres 1615 war Prinz *Achilles Friedrich,* der Bruder des regierenden Fürsten, zur Jagd nach Leonberg gekommen und hatte bei dem Forstmeister *Reinbold* ein Essen zugerichtet, zu dem auch der Leibbarbier *Urban Kräutlein,* die *Reinbolds,* der Untervogt *Lutherus Einhorn* und der Gerichtsbeisitzer *Frick* hinzugezogen waren. Über Tafel wurden auch die Indizien der Keplerin durchgenommen und, unter tapferem gegenseitigen Zutrinken, beschlossen, die alte Frau durch Güte oder Gewalt zu einem Bekenntnis zu bringen. Nach Beendigung des Gelages begab sich die ganze Gesellschaft, an der Spitze Kräutlein und Einhorn, die unterdes Bruderschaft gemacht hatten, ‚alle reichlich bezecht' in die Vogtei und forderten die Keplerin allein, die Glaserin indessen mit ihrem Anhange, ohne weiter die zugeordneten Vögte und Gerichtspersonen heranzuziehen, vor die Schranken. Hier nun vollzog sich eine tumultuarische, jedes guten Rechts spottende Szene: der Leibbarbier hielt der Keplerin im höchsten Ernst vor, sie sei einmal eine Hex‘ und habe seiner Schwerster Ursula einen Hexentrank zugerichtet. Er beschwor sie im Namen des dreieinigen Gottes, sie solle ihr wiederum zu ihrer verlorenen Gesundheit helfen, wo nicht, so wolle er ihr sein blank gezogenes Schwert durch den Leib stoßen. Einhorn verhinderte schlauerweise diese unvorsichtige Drohung und versprach der Keplerin, daß die Lösung des Zaubers nicht solle geahndet werden, allein die geängstigte Frau, die nichts zu bekennen hatte, flehte und bat unter Zittern und Tränen, sie habe niemanden zum Schutz bei sich, sei eine alte, gebrechliche Weibsperson, wisse von solchen Sachen gar nichts, Gott wolle sie davor gnädiglich behüten, denn sie habe der Ursula nichts angetan, könne ihr also auch nicht helfen. Gott sei der rechte Arzt, was man von ihr verlange, sei teuflisch; wenn man glaube, etwas gegen sie zu haben, so möge man es vor Gericht bringen. Hierauf drohte der Vogt, sie in den Turm zu stecken; der Barbier aber lief wütend auf die Keplerin zu und stieß sie mit Gewalt gegen die Reinboldin ‚dreimal hintereinander‘, indem er um Gottes willen bat, seiner Schwester zu helfen, denn er glaubte, damit den Zauber lösen zu können. – Erst nach stundenlangen Mißhandlungen wurde die halbtote alte Frau nach Hause entlassen.

II. Abschnitt.

Die Verleumdungsprozesse.

‚Es kann der Frömmste nicht in Frieden bleiben,
Wenn es dem bösen Nachbar nicht gefällt.'

Der eben geschilderte unerhörte Vorfall, der in seiner Brutalität und Eigenmächtigkeit der unteren Beamten zugleich ein recht bezeichnendes Streiflicht auf die damaligen lockeren Justizverhältnisse wirft, machte das Maß des zu Ertragenden für die Anverwandten der Keplerin voll. Der Tochtermann, Pfarrer *Binder* in Heumaden und der Sohn *Christoph* fanden diese unzweideutige Bezeichnung der Mutter als Hexe durch einen Staatsbeamten selbst für zu schimpflich, um dazu stillschweigen zu können. Zumal der erstere glaubte, als Verkündiger des gereinigten Evangeliums, es als eine Schmach empfinden zu müssen, eine Mutter zu haben, die solcher ungottseligen Verbrechen angeschuldigt wurde und befürchtete, in Unehren bei seiner Gemeinde zu fallen, wenn er nicht alles wagte, ihre Unschuld ans Licht zu bringen. Sie reichten nunmehr eine Verleumdungsklage bei dem Stadtgericht zu Leonberg ein, die zunächst zwar nur gegen die Urheberin der Gerüchte, die Reinboldin, gerichtet war, indessen durch Erwähnung des geschilderten Auftrittes auch den Vogt Einhorn und den Hofbarbier, die hierdurch für immer in diese Angelegenheit verwickelt waren, arg verdächtigen mußte. Die letzteren wandten denn auch bei Hofe, in der Kanzlei und bei Gericht alle ihnen zu Gebote stehenden Künste und Kniffe an; und bald erfuhren die Kläger die nachteiligen Folgen der bösen Machenschaften ihrer Gegner.

Nun erst kamen die geängstigten Kläger darauf, sich Rat und Hilfe bei ihrem Bruder *Johannes* zu holen. Dieser war nach dem

Tode seines kaiserlichen Gönners *Rudolph II.*, 1612 nach Linz übergesiedelt, wo er, von *Matthias* im Amte eines Hof-Mathematikers bestätigt, in stiller Zurückgezogenheit seinen gelehrten Arbeiten oblag. Nichts ahnend von dem schweren Schicksal, das sich über seiner armen Mutter daheim zusammengezogen hatte, empfing er die erste Nachricht darüber am 29. Dezember 1615 durch einen Brief seiner Schwester *Margarete* vom 22. Oktober desselben Jahres, worin sie um Hilfe in der gegen die Verleumder angestrengten Klage bittet. Das war ein harter Schlag für den Sohn: Er hatte seine Mutter vor langen Jahren als eine geachtete Frau verlassen und mußte nun erfahren, in welch böse Schlingen des Aberglaubens sie geraten war. In gerechtem Unwillen über die seiner geliebten Mutter zugefügten Mißhandlungen, säumte er nicht, beim Magistrat und Gericht zu Leonberg vorstellig zu werden. –

Hier beginnen die Akten, aus denen ich schon manches zur Vorgeschichte des Prozesses entnommen habe, in geordneter Folge einzusetzen. – Gleich das erste Stück ist die Eingabe Johannes Keplers, ein sehr interessanter Brief an ‚den Ernvesten, fürnehmen, auch Ersamen und weisen Herrn, Vogt, Burgermaister und Gericht der Stadt Löwenberg usw.‘, datiert Linz, den anderen Januar anno 1616. Ich teilte denselben mit Ausschluß des uns schon bekannten mit. Nach der üblichen Anrede und dem Wunsche eines ‚frewdenreichen neuen Jahres‘ geht er sofort auf den Kernpunkt über:

‚Mit unaussprechlicher Betrübnis meines Herzens habe ich von meiner Schwester, Margarete Binderin, erfahren, daß von etlichen E. E. W. und G. Gerichtszwang unterworfenen Personen auf eine reine, starke Einbildung ihrer Hausfrau und Schwester hin, die zuvor in Leichtfertigkeit gelebt und hernach im Kopfe verwirrt worden sein soll, meine in allen Ehren bis ins siebzigste Jahr gekommene liebe Mutter in den betrübenden Argwohn gebracht wurde, als habe sie diese wahnsinnige Person durch einen verzauberten Trunk ihrer Vernunft beraubt. Bei diesem Argwohn und in der ganzen Stadt allenthalben ausgestreuten, gehässigen Verleumdungen haben sie es nicht bewenden lassen, sondern haben sich vom leidigen Teufel, der ein Gott alles Unverstandes, Aberglaubens und aller Finsternis ist, so weit verblenden und reiten lassen, daß sie Gottes vergessen, Hilfe bei dem Teufel und dessen vermeintlichem Werkzeug, meiner Mutter, gesucht und eine Zauberei mit der anderen, namentlich mit Schreckung und Ängstigung der ganz unschuldig verdächtigten Person, glaubten auflösen zu können. Dieser hexenmäßige, abergläubische Griff ist auch sonst bei den Rechtsgelehrten, die über dieses Unwesen geschrieben, wohl bekannt, von ihnen häufig ausgeübt, aber auch ‚danebens' für hochstrafmäßig erkannt und als ein rechtes teuflisches, abergläubisches und gottloses Mittel verworfen. Ja, da es von vielen Rechtskundigen als eine Anklage zur Tortur gilt, wenn eine Person sich dergleichen unterfangen hätte, so ist es um so mehr ein überaus gefährliches Verfahren wider unschuldige Personen, welches der wütende Teufel durch eine Begeiferung mit diesem abergläubischen Mittel sucht. Ferner habe ich nicht allein aus dem Schreiben meiner Schwester, sondern zugleich auch aus den glaubwürdigen Berichten anderer Angehöriger entnommen (worüber mir das Herz im Leibe zerspringen möchte), daß die vorerwähnten Teufelsbanner die hochsträfliche Tat unternommen haben, meine geliebte, von zeitlichem Trost immer mehr verlassene alte Mutter heimlicherweise, mit Hintansetzung ihres Sohnes, meines Bruders Christoph, vor die Schranken fordern zu lassen und derselben mit teuflischer List zu drohen, sie auf ihre Kosten gefänglich einzuziehen. So die landesfürstliche Autorität mißbrauchend, haben sie ihr mit schönen Worten, Drohungen, ja mit Waffengewalt, also auf alle mögliche teuflische Wege, zugemutet, derjenigen zu helfen, der sie nichts Böses zugefügt, also auch nicht zu helfen vermochte. Und wenn sie das, was von ihr begehrt (da Gott vor sei) wirklich verrichtet hätte, so würde sie hierdurch, als durch eine offenbare Teufelskunst, die ausgesetzte äußerste Strafe und Pein verdient haben, die aber nun die, welche eine andere Person dazu haben zwingen wollen, selbsten auf ihren Hals kriegen möchten. Im ganzen war dieses Bubenstück dazu angetan, daß es kein Wunder gewesen, wenn meine aufs höchste geängstigte Mutter, um ihren Grimm zu stillen und nach ihrer Meinung ihr Leben zu retten, ihren Peinigern willfahren hätte (was doch der Allmächtige gnädig verhütet). Denn sie wäre dadurch unschuldigerweise von einem in den geschriebenen Rechten erfahrenen Richter zur Tortur erkannt und hätte schließlich durch Verhängnis Gottes gar zu einem schmählichen Tode gebracht werden können. Ja, wenn nun Gott der Herr unterdes sich über das verwirrte Weib unverdientermaßen erbarmt und sie wieder zu ihrer Gesundheit hätte kommen lassen, so würden dadurch diese Teufelsleute meiner Mutter ihren guten ehrlichen Namen und Leumund von Grund aus gleichsam wie mit einem Messer abgeschnitten und die arme, unschuldige Frau in den teuflischen Verdacht gebracht haben, als hätte sie ihr wieder geholfen und hätten also sie mit ihrer Beängstigung, obenbeschriebenen Aberglauben nach, dies zuwege gebracht und einen Teufel mit dem anderen gebannt.

Nun habe ich zwar aus dem Schreiben meiner Schwester verstanden, daß sie beide, ihr Ehemann und mein Bruder, diese durch teuflische Beleidigung und Gefährdung, nicht allein einer alten betagten Matrone Leib, Ehr und Gut, sondern auch ihrer ganzen angehörigen Freundschaft mit Klagführung bei Gericht gebührendermaßen zu verfolgen gedenken. Es ist mir auch durch andere Personen angekündigt worden, daß schon bereits zwei Rechtstage abgehalten sind. Da ich aber nicht weiß, ob meine Geschwister auch in meinem Namen aufkommen, alles bedacht und nichts versehen haben, was zur notwendigen Rettung meiner Güter, meines in höchster Gefahr gebrachten Namens und Leumunds gehört, und besonders, weil das Gerücht verlautet, als ob auch ich selber verbotener Künste bezüchtigt worden sei, wodurch diese übermütige Gegenpartei, ich weiß nicht von was für ‚Bachereien‘*) aufgetrieben, mich und meine an die fünfzehn Jahre geleisteten kaiserlichen Dienste gleichsam über den Haufen blasen und hiermit meiner Mutter (um es so zu deuten, wie es mir von Herzen kommt) das Herz ganz und gar benehmen wollen.

Um dieses zweifachen Interesses wegen gelangt an ein Ehrsames Gericht mein mit Recht wohl begründetes Begehren, daß mir unverzüglich Abschriften von allen dem, was bis jetzt von beiden Seiten bei Gericht eingekommen, mitgeteilt und auf meinen Namen nach Cantstadt durch die Post zugeschickt werde, wo

---

*) Der Ausdruck hängt mit ‚Bacchus‘ zusammen, bedeutet also etwa: Weinseligkeiten, im Rausche begangene Handlungen.

ich die Anordnung hinterlegt habe, daß es nach Prag abgeführt wird und mir dort, wo ich mich um Urlaub zu einer Reise nach Hause bewerben will, zugestellt werde.

Inzwischen aber will ich E. E. W. und Rat mit gebührendem Respekt vermahnet und auch ergebenst gebeten haben, daß sie bei diesem Werk mein verstandenes Interesse in gebührende Acht nehmen wollen, und obwohl ich dem Recht seinen Lauf und schleunigen Fortgang nicht zu hindern begehre, ‚inmaßen‘ dasselbige nicht ich, sondern meine Geschwister angestellt, so will ich aber doch hiermit lauter protestiert haben, daß ich davon nichts, was etwa zu wenig und zu meinem Rechtsnachteil vorgenommen, richterlich entschieden, oder sonsten verfehlt sein möchte, gebilligt oder vertragsweise eingegangen haben will. Noch viel weniger will ich der ‚meheren‘*) Gerichtszwängen unterworfenen Gegenpartei, mit Endung des Rechts zu Leonberg meine Ansprüche, die ich an sie habe, erlassen, sondern gedenke dieselben von meiner wohlverdienten verwitweten Mutter wegen, wie recht und löblich, mit Daransetzung Leibes und Guts, auch mit Hilfe meiner Freunde und Gönner oder sonst noch durch meine Dienste und guten, wohlbekannten Namen erworbene Vergünstigungen zu verfechten und so lange zu verfolgen, bis ich die Sache nach dem geschriebenen Recht werde zu Ende geführt haben.

Hiermit E. E. W. und Rat mich und meine Angehörigen zu gewohntem Schutz empfehlend und der begehrten Notdurften erwartend ... usw. Johann Kepler.

Wie wir aus dieser Eingabe ersehen, hatte der scharfsinnige Kepler ganz richtig vermutet und befürchtet, daß bei Einreichung der Verleumdungsklage von seiten seiner Geschwister, der schlauen und fanatischen Gegenpartei gegenüber, wohl manche Versehen gemacht worden seien; anderseits ist aber nicht zu verkennen, daß auch er in seiner geraden, allen Winkelzügen abholden Weise, und in der ersten Aufwallung, aufs Tiefste empört über die seiner geliebten Mutter zugefügten Unbillen und Gewalttätigkeiten, offenbar den Bogen zu straff gespannt. Ein solcher beschä-

---

*) Die einzelnen Glieder der Gegenpartei gehörten verschiedenen Gerichtsbezirken an.

mender öffentlicher Angriff mußte den Haß Einhorns und Kräutleins gegen die Keplersche Familie aufs äußerste steigern. Da sie, trotz oft versuchter Einschüchterung, die Keplerin zur Zurücknahme der Klage nicht bewegen konnten, waren sie nunmehr darauf bedacht, letztere auf alle mögliche Weise zu verschleppen und hinzuziehen, um unterdessen immermehr belastendes Material gegen die verhaßte Frau zusammenzubringen und die Einleitung eines Hexenprozesses zu erlangen. Dazu mußte ihnen erwünscht sein, daß die Betreffende auch noch von einer anderen Seite her der Hexerei vor Amt beschuldigt wurde. Und auch hierzu fand der Spürsinn der Hexenbanner die Gelegenheit: die Keplerin war, um den fortgesetzten Belästigungen von seiten des Anhanges der Reinboldin aus dem Wege zu gehen, zu ihrer Tochter nach Heumaden gezogen, und als nun endlich am 21. Oktober 1616 das erste Zeugenverhör in ihrer Verleumdungsklage angesetzt war, begab sie sich nach Leonberg zurück. Unterwegs kam sie an einer Ziegelscheune vorbei, wo einige Kinder, worunter sich auch die 11jährige Tochter der Hallerin, *Katharinle,* befand, mit dem Eintragen von Lehmsteinen in den Brennofen beschäftigt waren. Als die alte Frau an den Kindern vorüberging, tuschelte das Mädchen ihren Gefährtinnen zu, ‚*das sei eine Unholdin, die habe ihrem kleinen Bruder eine Krankheit angehext*‘, worauf sämtliche Kinder erschrocken flohen. Später, nachdem das Mädchen noch über eine Stunde Steine getragen hatte, klagte sie gegen eine ihrer Gespielinnen, die Tochter des Ziegelmeisters *Leibbrandt,* die Hexe habe ihr im Vorübergehen einen Schlag auf den linken Arm gegeben, so daß er nun ganz steif sei.

Ohne Zweifel war der Arm des Kindes durch das übermäßige Tragen der schweren Steine beschädigt; er wurde durch einen Chirurg auch bald geheilt, und ein Nachbar sah das Mädchen schon wenige Tage nachher munter und gesund umherlaufen; ein anderer sah sie sogar mit Holztragen beschäftigt. – Nichtsdestoweniger bemächtigte Einhorn sich dieses Vorfalles mit Eifer; es wurde ein förmliches Komplott geschmiedet: die *Hallerin* mußte, um der Sache mehr Wichtigkeit zu geben und sie vor Gericht zu bringen, die Keplerin auf öffentlicher Straße zur Rede stellen. Ja, sie ließ sich, vermutlich durch eine Geldbelohnung dazu willfährig gemacht, sogar dazu hinreißen, die Keplerin mit einem Messer anzufallen, dabei laut schreiend: „Warum hast du meinem Kinde einen solchen Treff gegeben? Du mußt es wieder herstellen, oder auf der Stelle sterben!“ –

Der armen, gequälten Frau blieb nun weiter nichts übrig, als wegen dieser öffentlichen Beschimpfung auch gegen die Hallerin klagbar zu werden. Das nur wollten die Gegner. Die nun folgende Gerichtsverhandlung spottet aller menschlichen Gerechtigkeit und steht wohl einzig in der Geschichte der Justiz da: Einhorn stellte die beiden Kinder und deren Eltern der Klägerin entgegen; aus den Aussagen zweier unmündiger Kinder, von denen das eine nur Gehörtes aussagen konnte, konstruierte er einen vollkommenen Beweis gegen die Keplerin, obgleich diese gegen die ihr untergeschobene Schuld ganz energisch protestierte, und obgleich wohl zehn Personen bezeugten, daß sie nichts von einem Schlage gesehen. Aber Einhorn, auf den Arm der kleinen Hallerin deutend, schrie: „Das ist ein wahrer Hexengriff“ – und das genügte! Die gegenseitige Partei wurde gar nicht mehr angehört, weil die Keplerin nunmehr für rechtlos galt; – ihre Klage wegen des mörderischen Überfalles der Hallerin wurde ganz unbeachtet gelassen. Als der Vogt gegen die flehentlichen Bitten der alten Frau und ihres Sohnes, er möge dem Rechtsstreit ungehinderten Fortgang lassen und die Wahrheit der Zeugen erforschen, taub blieb, packte sie die Verzweiflung: der Zinngießer Christoph verließ unter Seufzen die Amtsstube mit den unüberlegten Worten: „Wollte Gott, ich könnte über Nacht dieser Stadt den Rücken wenden“, und die verlassen dastehende Mutter bot in ihrer Angst dem Vogt einen silbernen Becher an!

Ein Protokoll über diese Sitzung ist nicht vorhanden, höchst wahrscheinlich gar nicht geführt oder unterschlagen worden. In geradezu teuflischer Weise beutete Einhorn alles dieses aus; wir erkennen seine unsauberen Machenschaften am besten aus dem Bericht, den er nun umgehend an den Herzog, als den oberen Gerichtsherrn, abgehen ließ.

Ich bringe denselben, als zweites Stück aus den Akten, in der Anlage I.

Wie ernst der Herzog diese Eingabe, die an Wahrheitswidrigkeit und offenbarer Verdrehung der Tatsachen wohl ihresgleichen sucht, auffaßte, geht daraus hervor, daß er die Angelegenheit ohne Verzug dem Oberrat übergab. Dieses Kollegium, welches aus einer adeligen und einer gelehrten Bank (aus Rittern und bürgerlichen Doktoren) bestand, beschäftigte sich vorzugsweise mit Regiminal-Angelegenheiten, leitete aber auch die vor den Stadtgerichten geführten Kriminalprozesse, wenn solche schwere Verbrechen betrafen. Der Oberrat nun erließ eine Resolution, die uns aufs höchste in Erstaunen setzen muß; sie ist Stuttgart in Cons. d. 24. Okto. 1616 datiert und lautet kurz und bündig:

‚Dem Vogt zu Leonberg zu schreiben, er solle auf die ausgewichene Heinrich Keplers Wittib, so der Hexerei halben graviert, fahnden und wann sie anzutreffen, zur Haft ziehen, und so sie „zween“ Tage gelegen, auf den mit Jörg Hallers Mädchen zugetragenen Fall und *die theologischen Artikel* im Beisein des Spezials daselbst und warum sie ausgewichen alles Ernstes examinieren, hiernach ihr Bekenntnis berichten und Bescheids gewärtig sein.‘

Das ist nicht viel weniger als zur Folter verurteilt! – Besonders auffallend in dieser Resolution ist die Beschuldigung der Ausweichung; in Wirklichkeit ließ sich die Keplerin ein solches Vergehen nicht zuschulden kommen. Denn sie ging nach dem Verhör nach Heumaden, wo sie, wie wir wissen, in der letzten Zeit Aufenthalt genommen, zurück. Aber Einhorn hatte es in seinem Bericht schlauerweise so hingestellt, daß das Kollegium eine Ausweichung annehmen mußte, wodurch die Bezichtigung eines bösen Gewissens verschärft war, worauf die Hexenrichter gemeinhin Gewicht legten. Durch den Ausspruch, daß die Keplerin auf die theologischen Artikel im Beisein des Spezials examiniert werden solle, war der Hexenprozeß proklamiert. Einhorn hatte also nunmehr sein Ziel erreicht, nämlich: der gehaßten alten Frau einen Hexenprozeß an den Hals zu hängen und aus der auch ihm schließlich gefährlich werdenden Klägerin eine Angeklagte zu machen! –

Einhorns weiteres Bestreben ging nun dahin, die Keplerin bei dem Oberrat in Stuttgart immer ärger zu verdächtigen. Er berichtet unterm 1. November 1616, daß die Witwe noch nicht von Heumaden, wohin sie heimlich von einer Person ihrer Sippschaft gebracht worden, nach Leonberg zurückgekehrt sei, und daß er von einem Leonberger Bürger, der dieser Tage zu Heumaden gewesen, verständigt sei, die Keplerin solle von da aus nach Linz oder Prag, ‚all dorten sie einen Sohn habe, verschickt werden'. Er schließt: ‚Also habe ich nochmalen untertänigen Bericht tun wollen, weil die Sachen mit Jörg Hallers Mädel noch übel stehen, ob E. F. Gn. das Einziehen der Keplerin, vielen Verdachts und vorhabenden Ausreißens wegen, dem Vogt zu Stuttgart (in dessen Amtung es ist) in Gnaden befohlen hätten.' – Diesem Antrag wurde mit Dekret vom 2. November 1616 entsprochen, in welchem dem Vogt aufgegeben, ‚gemeldete Weibsperson zu Heumaden in dem Pfarrhaus aufzuheben und dem Vogt zu Leonberg in Haft zu liefern'. – Da von diesem aber gemeldet wurde, daß die Keplerin von Heumaden nach Eßlingen übergegangen sei, so wurde der verschärfte Befehl an beide Vögte gerichtet, ‚die Wittib, wo sie sich im Lande betreten lasse, zu verhaften und in sicheren Verwahrsam zu bringen'.

Die Angelegenheit schien nun eine sehr übele Wendung für die Frau zu nehmen. Da außerdem Einhorn unbefugterweise das Gerücht verbreitet hatte, er sei von dem Oberrat ermächtigt, die Keplerin auf die Folter zu legen, so rieten die Kinder, die Mutter ganz außer Landes zu bringen und überredeten sie, nach Linz zu Johannes zu reisen. Obgleich gegen ihren Willen, trat sie die Reise doch an. Unterwegs aber kam ihr die Besorgnis, daß sie dadurch den Schein eines bösen Gewissens auf sich lade und kehrte auf halbem Wege wieder um.

Unterdessen nun hatte, auf Betreiben Einhorns, Jörg Haller beim Gericht in Stuttgart petitioniert, zur Unterhaltung seines *‚von der Katharine Keplerin durch Zauberei übel und erbärmlich zugerichteten Kindes'* eine Entschädigung aus dem Vermögen der Witwe zu gewähren, welche Petition Einhorn mit dem Zusatz unterstützte, daß die Aussagen des Jörg Haller wahr seien:

‚... Er, Haller, ist ein ganz armer Geselle, er besitzt außer 6 Kindern nur ein klein Häuschen, die Keplerin aber macht von umfangreichem Vermögen Gebrauch, solches ich auf ungefähr 1000 Gulden schätze.' – Die Antwort des Oberrats, datiert Stuttgart vom 2. Dezember 1616, lautet: ‚Der Vogt solle dem Bittsteller anzeigen, daß man ihm, wegen zur Zeit noch nicht hinreichender Ursachen, in seinem Begehren nicht willfahren könne, sofern er aber Armut halber wegen seiner Kinder nicht Rat schaffen, noch sie notwendig unterhalten könne, so möge er bei der Stadtgemeinde oder dem Armen-Kasten um Hilfe ansuchen. Und weil obengedachte Wittib sich flüchtigen Fußes gesetzt, solle er, Untervogt, Verordnung tun, daß nicht allein ihr Vermögen (vermöge der Landsordnung) wenn nicht bereits geschehen, gebührlich inventiert, und ihr davon nichts verabfolgt werde, sondern auch auf ihre Person befohlenermaßen gute Achtung gegeben, damit selbige zur Haft gebracht werden möchte.‘

Offenbar waren diese Verfügungen gegen alles Gesetz und Recht, und die Kinder fühlten sich bald außerstande, gegen die Intrigen anzukämpfen. Sie holten den Rat ihres Bruders *Johannes* ein, und dieser riet dringend, die Mutter zu ihm nach Linz zu bringen. Christoph erklärte demnach den maßgebenden Gerichtsbeamten offen und ehrlich sein Vorhaben, mit der Mutter nach Linz zu seinem Bruder zu gehen. –

Noch zweier Aktenstücke sind hier Erwähnung zu tun, Bittgesuche der Familie Kepler an den Herzog, die bezwecken, die Nichtigkeit der gegen die Mutter ausgesprengten Verdächtigungen zu beweisen und den Gang des Injurienprozesses zu beschleunigen.

Das erste, von dem Sohn Christoph mit unterschrieben, ist offensichtlich aus der kundigeren Feder des Eidams, Pfarrer *Binders,* geflossen. In sehr charakteristischer Weise kennzeichnet er darin die Hauptpersonen der gegnerischen Partei und geißelt ihre unsauberen Machenschaften: ‚Wenn es auch an sich unglaublich ist,‘ schreibt er bezüglich des viel beredeten Hexentrunkes, ‚daß ein solcher Trunk erst nach drei Jahren wirken solle, so müssen wir doch noch, auf die Gefahr hin, uns an einem rußigen Kessel zu beschmutzen, beibringen, daß die Ursula Reinboldin (so sonsten vieler lasterhaften Stücke halber hier sehr verhaßt ist, weshalb dann dieselbe vor einigen Jahren beregten schlechten Lebenswandel wegen auch in den Diebsturm gelegt worden) immerfort bei Gastereien, Hochzeiten und Kirchweihen ganz gesund und munter gesehen worden ist. Gesetzt aber auch, es möchte sich beklagte Ursula eine Zeitlang übel in ihrem Leib befunden haben, so kommt dies nicht von dem Verschulden unserer Mutter her, sondern wie wir sonnenhell beweisen können, daher, weil das Weib niemals einen ordentlichen Arzt, sondern stets allerhand verbotene, teuflische Mittel für ihren Zustand gebraucht und beim Bettel-Vogt zu Stuttgart, bei Marktschreiern usw. Rats gepflogen. Erst vor drei Tagen hat sie einen solchen hergelaufenen Gesellen in ihr Haus gerufen, seinen Rat eingeholt und dessen Arzneien eingenommen, der jetzt wegen seiner verbotenen Kunst hier im Gefängnis gehalten wird. Besonders hat sie mit einem Mann gequacksalbert, der sich zu Stuttgart und anderen Ort wider die Wahrheit vermessen, er könne Buckel und Kröpfe vertreiben, der aber damit einige Personen ums Leben gebracht. Und der Bruder der beklagten Ursula hat hier vor E. F. G. Vogt Einhorn selbst rundweg bekannt, dieser Mann habe seiner Schwester ein Pulver gegeben, welches sie eingenommen, aber dann nicht anders vermeint, denn es werde ihr das Herz abgestoßen, und hat auch dieser Bruder, als Barbier und großer Heilkünstler, der er sein will, ihr mit keinem anderen Mittel wieder helfen können.‘

Indem Binder die der Mutter zur Last gelegten Begangenschaften in sachlicher und wahrheitsgemäßer Weise weiter durchgeht, kommt er auch auf die Jörg Hallerschen Eheleute zu sprechen:

‚Jörg Haller und sein Weib werden beide für öffentliche Diebe und Zauberer gehalten, wie sie denn vor wenig Jahren Diebstahls halber eingezogen, verwiesen und abgestraft worden, und hat besonders das Weib erst vor ungefähr 5 Wochen einem jungen Mann, seines Zeichens ein Kürschner, in seiner Schwachheit den Kopf gemessen, darauf er auch gleich Todes verschieden. Es ist nicht glaubhaft, daß unsere Mutter ein ‚solch’ Mensch‘ sein sollte, daß sie vor dem Zeugentermin solche Schandtaten, wie ihr zur Last gelegt sind, sollte verübt haben, vielmehr ist es glaubhaft, daß die nichtswerte Hallerin, welche das ihrige, wie jeder weiß, durch die Gurgel gejagt und sich nachher mit Stehlen bereichern wollte, das alles um des Geldes und Gewinnes halber, getan und ausgesagt habe, wie denn kein Mensch in dieser Stadt leugnen wird, solche übelberüchtigten Personen nehmen Geld und geben, was man verlangt, von sich. Da nun also beide Widerparteien nichtswerte, hochgravierte, lasterhafte Leute sind, sogar, daß man darüber weder disputieren noch daran zweifeln soll, so befremdet es uns und andere Ehrliebende Bürger nicht wenig, daß denselben in solchen leichtfertigen, aus bloßem freventlichen Mutwillen angegebenen Stücken, bei dem Vogt so leicht Glauben gegeben und dagegen unsere hochbetagte Mutter durch unerwiesene Sachen in die äußerste Gefahr geführt wird.'

Bezüglich der Ausweichung, auf die von richterlicher Seite besonderes Gewicht gelegt war, verwahrt Binder sich:

‚Es wird von unserer Widerpartei namentlich vorgeschützt, unsere Mutter sei ausgewichen. Daß dieses aus schlechtem Gewissen geschehen, wird mit höchster Wahrheit verneint und vielmehr eingewendet, daß solches deshalb geschehen sei, um Rat und Hilfe bei unserem Schwager, dem kaiserlichen Mathematiker, zu erhalten; also daß dieselbe nicht an einem unbekannten, sondern an einem ehrlichen Ort anjetzt zu finden. Und daß diese beschwerlichen Sachen und hohe Feindschaft Rats bedürfen, daran wird kein Verständiger zweifeln. Zudem wird um eine kurze Zeit, so Gott will, sie sich wieder einstellen; inzwischen erbietet man sich, dieselbe auf jedes Begehren zu präsentieren. Es ist also keine Flucht, viel weniger ein Verbrechen vorauszusetzen und vorhanden. Auch gesetzt, aber nicht vorliegend, es wäre die Mutter ausgewichen, würden nicht obige Umstände und Gewalttaten, sonderlich, wie man zuerst mit derselben umgegangen, ein so hochbetagtes, fast zu Tode gehetztes Weib leicht entschuldigen? –'

Energisch protestiert er wiederholt gegen die ungesetzmäßige Hinhaltung des Prozesses:

‚Dieweil dies alles sowohl zu unserer lieben Mutter, als auch unserem eignen Schaden und höchstem Nachteil gereichen wollen, auch damit solche lasterhafte höchst schädliche Bezichtigungen auf uns nicht sitzen bleiben, sondern die Unschuld klar an den Tag komme, bitten wir dringend um Abhaltung des Produktions-Tages. Obgleich von den Herren Richtern ein unverzüglicher Termin angesetzt worden, haben die Beklagten denselben nun schon an die 20 Wochen zu verschieben gewußt, woraus ohne Mühe zu schließen ist, daß die Gegenpartei einen gewissen Zweifel an ihrem Recht hat und sie sich wohl bewußt ist, daß ihre böse verübten Stücke das Licht des Tages scheuen. Die Ursula hat auch oft verlauten lassen, dieser Rechtsstreit solle und werde keinen Fortgang gewinnen, in Ansehen, daß ihr Bruder, der Leibbarbier Kräutlein, bei E. F. Gn. als Bittender nicht wenig vermöge, und die einmal angefangene Rechtshandlung durch einen fürstlichen Befehl abschneiden und verkürzen werde.‘

Mit der Bitte um Aufhebung der unverdienten Sperrung des Hauses und der Inventarisierung des Vermögens der Mutter schließt der Brief. –

Das zweite ist von Johannes Kepler: Als treuer, württembergischer Untertan, wenn auch in fremdem Lande, als ein Mann nicht unbekannt durch seine wissenschaftlichen Verdienste, der bei allen deutschen Fürsten Schutz finden würde, bittet er seinen Landesherrn, daß er Spott, Schimpf und Schande von seinem guten Namen gnädig abwenden möge. ‚Und weil ich,‘ fährt er fort, ‚in dieser Zeit dermaßen mit Arbeiten überhäuft bin, daß es mir nicht möglich ist, von hier abzukommen und aller Sachen gebührend nachzufragen, so habe ich angeordnet, daß durch meinen Rechtsfreund die inkriminierten Fälle bei E. F. Gn. in meinem Namen gehorsamst bittweise angebracht werden möchten. Ich aber kann mit gutem Gewissen vor Gott beteuern, daß ich keinen anderen Bericht habe, als daß meine liebe Mutter nicht allein in ihrer anhängigen Klage wohl fundamentiert ist und zu derselben bei Gefahr von Leib, Ehr und Gut genötigt worden, sondern auch von der neulich nach Hofe berichteten Bezichtigung unschuldig ist.‘ –

Diese beiden ausführlichen und eindringlichen Bittgesuche, die auf jeden urteilsfreien Leser den Eindruck der Wahrhaftigkeit machen müssen, fanden nichtsdestoweniger kaum Beachtung bei der maßgebenden Stelle. Sie sind mit dem Vermerke, d. d. 7. Januar 1617: ‚Johann Kepler, Röm. K. Mj. Mathematiker und M. G. Binder, Pfarrer in Heumaden, item Christian Kepler, ‚Kannengießer‘ petitionieren für ihre wegen verdächtiger Hexerei ausgewichene Mutter und Schwiegermutter‘, versehen und scheinen damit ohne weiteres zu den Akten gelegt worden zu sein. Zu gleicher Zeit etwa hatte Johannes sich von Linz aus in dieser Angelegenheit auch an den Vizekanzler *Sebastian Faber* gewandt, einen ausgezeichneten Rechtsgelehrten, den Herzog *Joh. Friedrich* aus dem Auslande berief und dem Kanzler *Christoph von Engelzhofen* als Beirat an die Seite setzte.

‚Bisher habe ich mit unbescholtenem Rufe durch das Leben hingeschifft,' schreibt Kepler u. a.*), ‚als voriges Jahr ein plötzlich ausgebrochenes Gewitter mein Schifflein gegen die gefahrvollsten Klippen trieb. Dieser Sturm traf nicht sowohl mich selbst, als meine unglückliche Mutter, von der jedoch aller Schade auf den Sohn fällt. Indem ich, von allen Hilfsmitteln verlassen, mich nach allen Seiten umsehe, wage ich es, mich Ew. Wohlwollen zu empfehlen. Man wird sich an den Fürsten wenden müssen. Da aber dergleichen Beschwerden nicht an den Fürsten selbst gelangen, sondern zur gewöhnlichen Ausfertigung gewiesen werden, so bitte ich Ew. usw. Sorge zu tragen, daß diese Angelegenheit nicht wiederum mit kalter Seele denjenigen, welche der Vogt Einhorn zu Leonberg gegen uns eingenommen hat, übergeben wird.' – –

Als Kepler mit diesem Brief beschäftigt war, kam der Bruder Christoph mit der Mutter in Linz an, und teilte Johannes das, was sich inzwischen in Sachen des Prozesses ereignet hatte, mit. Dieser schrieb darüber sofort auf das eingehendste an den Vizekanzler und schließt seinen Brief:

‚Mein Bruder scheut sich vor dem Vogt, mein Schwager fürchtet, um sein Amt zu kommen, ich selbst bin entfernt, durch Zurückhaltung meiner Besoldung von Mitteln entblößt und durch gelehrte Beschäftigungen abgehalten, von welchen mein Einkommen, mein Ruf und mein Glück abhängt. Daher habe ich meine Mutter unter kaiserliche Jurisdiktion gestellt, und Sachwalter zu Leonberg, Stuttgart und Tübingen bestellt, indem ich nicht zugeben kann, daß eine geschwätzige, vom Alter gebeugte Frau einer Reinigung unterworfen wird, die ungerecht, grausam und mit dem höchsten Grad der Unterdrückung verbunden ist, in der sie notwendig unterliegen muß.' –

Unterdessen war auch die Gegenpartei in Leonberg nicht untätig. Besonders trat der Glaser Jakob Reinbold wieder mit Anklagen und Verdächtigungen hervor.

In einer Eingabe an den Herzog bittet er, ‚in untertänigster

---

*) Es ist dies der schon im Vorwort von mir erwähnte, in lateinischer Sprache abgefaßte Brief. Ich gebe denselben im Auszug, weil er vieles uns schon bekannte bringt.

Demut um Gottes willen folgendes mein und meiner armutsseligen Hausfrau gar hartes Geschick und schweres Hauskreuz mit väterlicher hilfreicher Gnade und ohne Verdruß anzuhören'. Und nun trägt er nochmals die Angelegenheit seiner Frau Ursula mit der Keplerin, wie wir sie bereits kennen, aber in einer stark zu seinen Gunsten gefärbten, ja, man kann sagen gefälschten Weise vor und schließt: ‚Wo sie sich zur Stunde versteckt hält, kann man nicht eigentlich wissen; allein wenn ernsthaft bei ihrem Sohn Christoph allhier, der seine Mutter versteckte und ihre besten Mobilien beiseite schaffen half, sollte gefragt werden, so würde man es bald erfahren. Nun läßt obendrein der Christoph sich mit vielen bösen Drohungen aus, wie er nun erst recht hinter mich her wolle und mich vollends an den Bettelstab bringen, wo doch zu besorgen, wenn es unser lieber Herr-Gott nicht anders wendet, daß wir Eheleut ohne das dahin kommen müssen, weil mein krankes Weib mir in der Haushaltung nichts mehr nützt und ich wegen dieses Unfalles meinem Handwerk nicht mehr nachkommen kann ... Deshalb wollen E. F. Gn. gnädig geruhen, und möchten nach besagter, entwichener Keplerin greifen und sie in Verhaftung bringen lassen, damit man alsdann möchte von ihr erfahren, *was für Gift sie in den Trunk getan,* dem dann mit guten Mitteln begegnet und meine Hausfrau wieder mit Gottes Hilfe zu ihrer Gesundheit gebracht werden könnte. Inmittelst aber der Keplerin ganzes Hab und Gut allhier konfiszieren und uns von demselben wegen an Leib und Gut zugefügten großen Schadens billig entschädigen zu lassen.'

Das letztere war die Hauptsache und sollte wohl den Sündenlohn für die in dieser Sache den Helfershelfern geleisteten Dienste, abgeben! –

Solche und ähnliche gehässigen Anschuldigungen der gegnerischen Partei und aufreizende Reden: ‚Daß mit der Vertilgung der Hexen, deren Leben Gott nicht wolle, ein wohlgefälliger Gottesdienst geschehe; daß die Hexen verborgenerweise beschädigten, es deshalb nicht nötig sei, sie zu überführen, wie denn bereits im Lande mehr als hundert Hexen verbrannt wurden, ohne daß die Beschuldigungen bewiesen worden seien' usw. würden ihre Wirkung bei den richterlichen Behörden nicht verfehlt haben, wenn nicht durch das energische Eingreifen *Johannes*' und das Dazwischentreten *Fabers* diesem Treiben entgegengewirkt worden wäre. Der Oberrat wußte in dem von dem Herzog eingeforderten Bericht vom 29. Januar 1617 nun mit einem Male sein Verfahren nicht mehr zu rechtfertigen, sondern sah sich genötigt, dieses selbst für übereilt zu erklären: ‚Wenn die Sache zwischen der Keplerin und der Reinboldin in Rechten befangen, so weiß man demselben nicht vorzugreifen, sondern es wird dem Vogt zu Leonberg zu befehlen sein, darin allerschleunigst vorzugehen und keinem Teil mutwilligen Verzug zu gestatten, auch nach getanem Beschluß der Sachen die sämtlichen Akten samt der gefaßten Urteile vor der Veröffentlichung der Kanzlei zu überschicken.' – Bei Besprechung der inkriminierten Fälle nach dem Bericht des Vogts Einhorn vom 22. Oktober 1616, worauf, wie wir gesehen, zuerst ein so scharfes Dekret erlassen war, werden diese nunmehr von dem Oberrat in wesentlich milderem Lichte dargestellt. Über den Fall mit dem Töchterchen des Jörg Haller heißt es: ‚Wie denn dies letztere Faktum nicht zur Genüge und wie recht ist, sondern nur durch zwei elf- und zwölfjährige Mägdlein bezeugt ist, so ist auch zu vermuten, daß die Keplerin nicht bösen Gewissens halber, sondern aus Schrecken und Furcht, weil der Barbier, Meister Urban Kräutlein, ihr barsch zugesprochen und sie wohl merken konnte, wo der Vogt mit ihr hinaus wolle, flüchtigen Fußes geworden ist.' – Schließlich wird aber doch, wohl auf Betreiben des übel gesinnten Teiles des Kollegiums, an dem Erbieten des Pfarrers Binder und des Zinngießers, die Mutter wieder zu stellen, festgehalten, aber beantragt, der Keplerin sicheres Geleit zu geben und sie auf freiem Fuß nochmal vernehmen zu lassen: ‚Ob und warum sie des Jörg Hallers Mägdlein angetastet, warum sie dem Vogt einen Becher zu verehren versprochen und aus was für Ursachen sie außer Landes gewichen. Das frühere Dekret, das Vermögen der Keplerin zu konfiszieren, wurde dahin abgeändert: ‚Dem Christoph Kepler und dem Pfarrer zu Heumaden das Gelübde abzunehmen, von den Gütern und dem Vermögen ihrer Mutter nichts außer Landes zu bringen, sondern alles (jedoch nicht invertiert) beisammenzuhalten und zu verwahren.' –

Man ersieht aus diesem Beschluß, daß es selbst in jener finsteren Zeit auch rechtliche und einsichtsvolle Männer gab, welche ebenso furchtlos wie unbefangen bekannten, daß sie sowohl zum Schutz der Unschuld, als zur Bestrafung der Schuldigen ihres Amtes walten sollen.

Wenn nun auch durch das Eingreifen dieses hohen Staatsbeamten und anderer einflußreicher Personen der Rechtsstreit für die Keplerin eine günstigere Wendung genommen hatte, indem eine Gefangensetzung ihrer Person und direkte Sperrung ihres Vermögens zunächst vermieden war, so blieben doch, wie bisher, so auch ferner die Ansichten der Mitglieder des Kollegiums in dem weiteren Verlauf dieser Angelegenheit geteilt. *Sebastian Faber, Wilhelm Bedenbach* und einige andere aufgeklärte und unparteiische Männer, rieten zur Vorsicht und Milde und bemühten sich, die Sache beim Zivilrichter zu erhalten. Die Hofpartei hingegen, an der Spitze der Vogt Einhorn, war fortwährend geschäftigt, den verhängnisvollen Hexenprozeß durchzusetzen. Einhorn muß ein Meister der Intrige und zugleich ein Mann von sehr schlechtem Charakter gewesen sein, jedes Mittel, seinen Zweck zu erreichen, war ihm recht.

Wenn man die Akten, die diesen Zeitraum des Prozesses betreffen, durchgeht, so muß man sich wundern, sowohl über die Schliche und Listen, die dieser Beamte anzuwenden versteht, um die Sache fortwährend zu verschleppen und hintanzuhalten, als über die Dreistigkeit, mit der er allen Befehlen trotzt. Da verschlugen weder Anweisungen seiner vorgesetzten Behörde, noch Androhungen von Strafen, noch direkte Befehle des Herzogs. Ja, Einhorn versteigt sich sogar bis zur Verhöhnung solcher Befehle und brüstet sich den Keplerischen Klägern gegenüber mit dem Unterfangen, er wolle in wenig Tagen von des Herzogs hochlöblichen Hofrichtern zu Tübingen einen Bescheid ausbringen, dergestalt, daß man sehen solle, ob der Befehl des Herzogs oder seine Berufung gelte! –

Wie solche Übergriffe und Eigenmächtigkeiten eines Untervogtes – also doch wohl Subalternbeamten nach heutigen Begriffen – möglich waren, ist heute nicht mehr verständlich. Aus den Zeitverhältnissen sind sie auch kaum erklärlich, vielmehr bestätigen sie die, schon früher ausgesprochene, Vermutung, daß Einhorn durch geheime Instruktionen von seiten der Hofpartei zu solchem

Verfahren ermächtigt war, die er um so mehr ausnutzte, als er damit in der willkommenen Lage war, seine Privatrache zu befriedigen.

Während mehrerer Jahre ziehen sich diese wiederholten Bitten und Gesuche der Keplerischen Partei um Beschleunigung des Rechtsstreites, Versuche der Gegenpartei, die Sache zu verschleppen und herzogliche Befehle, den Streit zu Ende zu bringen in den Akten dahin. Wir erblicken darin einen ohnmächtigen Kampf des Gerechten gegen den Versuch eines Justizmordes, in welchem die Mutter, der Bruder Christoph und der Schwager Binder den Plan Johannes' und seiner Freunde aus beschränkten Ansichten öfters geradeaus durchkreuzten und den Wirrwarr noch vermehrten.

Johannes suchte vor allen Dingen seine zur Zeit bei ihm sich aufhaltende Mutter von ihren Peinigern und Verfolgern fernzuhalten, und richtete deshalb ein Bittgesuch an den Herzog, zu gestatten, daß seine Mutter so lange bei ihm bleiben dürfe, bis ihre Rechtfertigung zu Ende geführt sein werde.

Nachdem Johannes nochmals die Unschuld der Mutter beteuert, schreibt er: ‚Daß sie aber in solchen bösen Verdacht hat kommen können, dafür kann ich keine andere Ursache finden, als daß sie sich mit ihren unmündigen vielen Kindern an die 28 Jahre ohne Beistand, und als Witwe unter dem gemeinen Gesindel und Volk hat wehren müssen, sich kärglich ernährt, ihr Gut verbessert, für das Ihrige recht und redlich gekämpft und hierüber wohl zuweilen in allerhand Zank, Unlust und Feindschaft geraten. Als nun vor wenig Jahren unter E. F. Gn. Vogt Einhorn einige Hexen eingebracht und zur Verantwortung gezogen worden, wurde dadurch unter dem abergläubischen, besonders dem Weibervolk ein großes Geschwätz und Getuschel erweckt, ob in der Stadt wohl auch solche Leute sein möchten. Da mußten denn sonderlich diejenigen herhalten, die der jungen heranwachsenden, schnöden Welt zu lange gelebt und wegen zu bejahrten Alters unbequem geworden waren. Und weil meine Mutter beinahe die Älteste zu Leonberg ist und ihre 70 Jahre erreicht hat, so ist ihr auf von anderer Seite her veranstalteten gehässigen Aufreizens hin, aus Rache dies alles angetan, wobei aber der böse Geist durch seine Werkzeuge, die Wahrsager, so man zu Rate gezogen, das seinige auch getan hat. Deshalb habe ich mich für verpflichtet gehalten, mich meiner Mutter anzunehmen, und weil ich meiner kaiserlichen Dienste halber von Linz nicht habe abreisen können, zumal auch der Winter vor der Tür und die Donau aufwärts gesperrt gewesen, so habe ich sie bei mir behalten und das Nötige bei E. F. Gn. Kanzlei vorzubringen veranlaßt. Ich kann die Mutter auch noch nicht fortlassen, da sie unterdessen schwer und, nach jedermanns Meinung, tödlich erkrankt ist.'

Mit der Versicherung, daß die Mutter keineswegs willens sei, ihr Bürgerrecht zu Leonberg aufzusagen, viel weniger ihre Güter der Gegenpartei aus den Augen zu ziehen und während der Zeit des Rechtshandels außer Land zu gehen, trägt er seine Bitte vor. Zugleich beantragt er, zu gestatten, daß auch während der Abwesenheit der Mutter von dort ihre eigentümlichen Güter ohne Eingriff anderer mit seinem und ihrer zu Leonberg habenden Kriegsvögte Rat und Gutachten verwaltet, vor Abgang und Schmälerung bewahrt werden und sie davon soviel, als zur unvermeidlichen Leibes- und ihres Rechtens Notdurft, auch Abmachung ihrer Schulden gehört, gebrauchen könne.

‚Hingegen erbiete ich mich,' schließt er, ‚an ihrer Stelle über alles Red und Antwort zu geben, und ebenso will ich, wenn wider Erwarten von ihr etwas beiseite gebracht wird, mein Hab und Gut, so viel wie nötig, u. a. auch mein großväterliches, brüderliches und väterliches Erbteil, so noch unter meiner Mutter Habschaft befindlich, auch was sie mir sonsten schuldig bleibt, wie im Stadtbuch Anno 1609 eingeschrieben worden, alles verpfänden.' –

Die Bitte wurde Johannes gewährt und durch ein herzogliches Dekret vom 23. September 1617 dem Untervogt zu Leonberg noch besonders aufgegeben, den Produktionstag zu befördern. ‚Wenn sich durch das Zeugenverhör irgend etwas ‚Malefizisches' befinden sollte, dann solches sofort zu der herzoglichen Kanzlei berichtlich gelangen zu lassen.' – Keplers wohlgemeinte Absicht wurde indessen durch die Halsstarrigkeit der alten Mutter vereitelt. Noch ehe sein Bittgesuch bei der maßgebenden Stelle ankam, gab die alte Frau die Absicht zu erkennen, nach Hause zurückzukehren. Kein Zureden des Sohnes half, sie ging davon, und Johannes, in kindlicher Besorgnis, folgte ihr bald nach. Am 30. Oktober kam er nach einer beschwerlichen Reise am Neckar an und verweilte dort, fortwährend für das Wohl der Mutter tätig, bis zum 7. Dezember. Winterliche Unbill und das Land durchziehende Kriegshorden machten ihm die Weiterreise unmöglich. In dieser Zeit der Angst und Sorge wandte er sich noch einmal an den Herzog in einem rührenden Brief. Derselbe ist undatiert, wahrscheinlich um die Mitte des Novembers 1617 und in einer kleinen Stadt oder Dorf am Neckar geschrieben: ‚Ich bin mit unsäglichen Angelegenheiten und großen Kosten den weiten Weg von Linz bis hierher ins Württemberger Land gereist,' schreibt er u. a., ‚weil ich glaubte, damit um so eher das Recht meiner Mutter durchzusetzen. Zu meiner Betrübnis habe ich aber befinden müssen, daß nichts vorgenommen worden. Der Vogt zu Leonberg, den ich um Beförderung angehalten, gab zur Antwort: Es sei dem Gegenpart, nun da meine Mutter wieder im Lande, nicht zuwider, in dem Rechtsstreit fortzufahren und zeigte mir an, daß der Produktionstag auf den 24. November angestellt werden solle. Es ist aber der Tag kaum ausgeschrieben, als auch schon die Gegenpartei zum Kommissarius gekommen und den Tag abgekündigt, weil sie zuvor mit einer anderen Schrift einzukommen willens sei. Obwohl nun der Herr Kommissarius sie mit ihrem Einspruch abgewiesen, so ist dennoch auf Betreiben der Gegenpartei und ohne Vorwissen des Kommissarius meiner Mutter vom Vogt angekündigt worden, sie erscheine nun oder nicht, er wolle wohl eine gute Ausflucht suchen, den Produktionstag zu unterschlagen.

Ich bin nun schon über meinen Urlaub hinaus fort und kann nicht immer hier bleiben, deshalb empfehle ich meine Mutter dem Schutze E. F. Gn. Auch kann ich nicht umgehen, E. F. Gn. aus kindlicher, meiner leiblichen Mutter schuldigen Treue zu berichten, daß meine Mutter weder an Verstand und Kräften des Gemüts, noch an Vermögen soviel habe, daß sie die Klage bei so vielfältigen verbotenen Angriffen und handgreiflichen Parteilichkeiten weiter durchführen könnte, sondern in höchster Gefahr stehe, daß sie nicht allein ihrer Sinne, sondern auch ihres Hab' und Guts vor der Zeit verlustig werde. Und dies wird der hinterlistigen Gegenpartei, der die Blödigkeit und das hohe Alter der Mutter bekannt ist, mit ihren gehässigen Reden, Zorn und Ungeduld gar leicht, wenn sie sie in der Nähe weiß.

Deshalb habe ich ihr geraten, sie solle sich dieser Sorge, als ihr zu schwer, gänzlich entschlagen, die Sache Gott und E. F. Gn. anheimstellen, und sich jetzt wieder mit mir nach Linz und zur Ruhe begeben. Hiergegen hat sie aber allerhand Bedenken und wirft sonderlich dies ein, daß man sie abermals, wie zuvor, der Flucht bezichtigen und daher für schuldig erkennen, auch E. F. Gn. selber hierdurch zu einem bösen Verdacht verursacht werden möchte.

Es gelangt demnach an E. F. Gn. mein flehentliches Bitten, als Vater der Witwen zu geruhen, mir, dem ältesten Sohn, zur Versorgung derselben dero fürstliche Hand gnädig zu reichen, meiner Mutter ausdrücklich zu erlauben, daß sie ohne Verlust ihrer Ehren und neulich bewilligten Alimenten, meinem oben vorgetragenen Rat folgen und bei mir außer Landes wohnen kann.‘ – Wohl wurde seiner Bitte entsprochen, aber sein Vorhaben auch diesmal von dem starren Eigensinn der Mutter durchkreuzt. Es war bei ihr zur fixen Idee geworden, daß sie durch ihr Fernbleiben den Verdacht eines schlechten Gewissens errege. So ließ sie denn den Sohn allein abreisen und blieb in einem Lande, wo sie ihren guten Ruf verloren hatte, mitten unter ihren erbittertsten Feinden, entblößt von dem guten Rat und Beistand ihres Sohnes.

Johannes war darüber tief gekränkt und um so mehr bekümmert, als er auch von seinem Freunde Besold, dem er die Angelegenheit seiner Mutter empfohlen hatte, kaum tröstende Zusage erhielt. Denn Besold sprach ihm offen sein Mißfallen darüber aus, daß die Angehörigen bisher alles hinter seinem Rücken verhandelt und durch ihre kopflosen Eingriffe die Sache nur verschlimmert hätten.

Das Abtreten Keplers vom Schauplatz des Rechtsstreites, des einzigen Gegners, den die Gegenpartei wirklich fürchtete, war für Einhorn sehr erwünscht. Konnte er doch nun seinen teuflischen Plan ungestört weiter verfolgen. Erst im Anfang des Jahres 1618 kam auf wiederholte, scharfe Befehle von oben ein Zeugenverhör zustande. Wenigstens ersieht man das aus einem Bericht des Vogtes an das Konzilium zu Stuttgart vom 7. Mai 1618 nebst angehängter Resolution des letzteren vom 15. Mai.

Das über dieses Zeugenverhör geführte Protokoll fehlt bei den Akten, es ist wahrscheinlich schon zu damaliger Zeit aus denselben entfernt. Bezüglich des Inhalts dieses Protokolls ist man also lediglich auf andere Aktenstücke angewiesen. Man ersieht aus diesen, in welchem Maße die geflissentlich verbreiteten üblen Nachreden in dieser langen Zeit Wurzel geschlagen und wie nachteilig die voreilige und eigenmächtige Bekanntmachung des Hexenprozesses auf die Gemüter der Zeugen eingewirkt hatten. Einige Zeugen erklärten sich ausweichend, andere, zum Teil an Stelle der unterdes verstorbenen gewonnenen, u. a. ein gewisser Victor Hecht, Gehilfe des Schulmeisters Beittelspacher, bestätigten schlankweg alles Nachteilige, was die Reinboldin vorgebracht hatte. Aber es gab auch hier wahrheitsliebende Leute: Neun klassische Zeugen, darunter die vizeältesten Magistratsglieder von Leonberg, bekundeten, daß Katharine Kepler bis zu den Bezichtigungen der Reinboldin in unbescholtenem Rufe stand.

Es ist bezeichnend für Einhorn, daß er aus dem Protokoll nur das für die Keplerin Ungünstige an den Oberrat berichtete und beantragte, nunmehr als Malefiz-Obrigkeit einzuschreiten.

Auf den Bericht des Vogts erging die Resolution, mit dem Prozeß fortzufahren, und wenn Bürgermeister und Gericht Bedenken hätten, nach getanem Beschluß zu urteilen, vorerst den Rat der Universität zu Tübingen einzuholen, alsdann ihr Bedenken und Urteil vor der Publikation zur Kanzlei zu schicken und weitere Befehle abzuwarten.

Mit diesem Bescheid waren die Reinboldschen, weil er nicht in ihren verlogenen Handel paßte, nicht zufrieden, und um diesen Schlag zu parieren, erließen der Vogt, Reinbold und dessen Ehefrau am 17. Juni eine gemeinsame Bittschrift um Gefangensetzung der Keplerin. Zunächst trägt Einhorn vor: ‚Nachdem die der Hexerei hochverdächtige Katharine vor 2 Jahren nach hier gekommen, hat die Reinboldin und ihr Mann höchlichst gebeten, ich solle von Amts wegen auf den von E. F. Gn. im Oktober und Dezember 1616 erteilten gnädigen Bescheid hin die Keplerin in Haft nehmen bis zum Ausgang ihres Prozesses. Weil aber E. F. Gn. dem kaiserlichen Mathematiker Johann Kepler unterm 23. November 1617 gnädig bewilligt, daß er seine Mutter wiederum mit nach Linz nehmen könne (was doch nicht geschehen), so habe ich die Bittsteller damit abgewiesen. Nun ist aber zu besorgen, daß, da bei dem Zeugenverhör viel Gravierendes wider die Alte vorgebracht werden wird, sie den Ausgang des Verfahrens nicht abwarten möchte, und so steht zu E. F. Gn. gnädigem Gefallen, dem Gesuch der Supplikanten zu willfahren.‘ Reinbold berichtet: ‚Da ich die lange Zeit flüchtige Keplerin am gestrigen Tage zu Leonberg angetroffen, so habe ich den Unter-Vogt ersucht, sie kraft des wegen Jörg Hallers Töchterlein empfangenen Befehls in Haft zu nehmen. Darauf ist sie zwar aufs Rathaus beschieden und mit mir und meiner Hausfrau konfrontiert, aber, weil noch kein richterlicher Spruch vorliege, wieder fortgelassen, mir aber von dem Waisengericht die Andeutung gemacht, sofern es E. F. Gn. nochmals bei dem Befehl ihres Aufgreifens belassen wolle, sie gefangen gesetzt werden solle ... – – Also ist meine untertänige Bitte, für Besagte, bevor sie wieder fliehen kann, den angeregten Befehl erneuern zu lassen, in welchem Falle von der Gefangenen unzweifelhaft viel böse Untaten erlernt werden möchten und meine Sache, die mich armen Mann nunmehr etliche 100 Gulden gekostet, erörtert werden könne.‘

Ursula Reinbold fügt zu den bekannten noch eine Reihe neuer Beschuldigungen bei: ‚Die Keplerin hat selbst eingestanden, daß sie damals das unrechte Kännlein erwischt; sie hat sich erboten, eines Bürgers Töchterlein das Hexenwerk lehren zu wollen und dabei ausgesagt, es sei weder Höll noch Himmel, sondern wenn ein Mensch stürbe, so sei es mit ihm, wie mit einem unvernünftigen Vieh beschaffen und alles aus. Ferner hat sie Menschen und Vieh verhext, so daß selbige getobt und die Wände hinaufspringen wollten.‘ ‚Da es nun,‘ fährt sie in ihrem, offenbar von Einhorn stark inspirierten, Bericht fort, ‚sonnenklar am Tage liegt, daß die Keplerin mit der Hexerei graviert und behaftet, wovon ihre eignen Zeugen genugsam Kundschaft geben und daneben in den kaiserlichen Statuten und sonderlich in des Heil. Röm. Reichs und Karls V. peinlichen Halsgerichts-Ordnung unter Art. 44 und 206 wohl und heilsamlich gesetzt und verordnet, wie und was man sich gegen dergleichen ausgewichenen Personen, ihren Leib und Gut zu verhalten hat; da ferner die Keplerin sich noch im Lande aufhält, aber ‚inmittelst‘ sich auf weitere Flucht rüstet, so gelangt an E. F. Gn. meine ganz demütige Bitte, sie wollen als Rechts-Verwalter und von hoher Obrigkeit wegen dafür sorgen, daß die Keplerin eingefangen und mit der gebührenden Strafe belegt wird. Solches alles gereicht zur Steuer der lieben Gerechtigkeit und E. F. Gn. hohem trefflichem Lob. Auch bitte ich für E. F. Gn. Frau Gemahlin, junge Herrschaften zeitliche und ewige Wohlfahrt und glückliche Regierung zu Gott dem Allmächtigen. Ich arme, bresthafte Untertanin will für sie in meinem eifrigen Gebet und Vater-Unser nimmermehr zu bitten vergessen.‘

Diese ebenso scheinheilige, wie lügenhafte Bittschrift wurde glücklicherweise abschlägig beschieden. Der Vogt solle, so heißt es in dem Dekret des Konziliums vom 23. Juni 1618, den zwischen den Supplikanten und der Keplerin angefangenen Injurienprozeß befördern, auch, wie schon im Mai befohlen, nötigen Falles bei Rechtsgelehrten konsultieren. –

Sicher gemacht durch die milde Praxis des zuständigen Gerichts und die Nachricht, mit der ihm die Nichtachtung der fürstlichen Befehle bisher ungeahndet geblieben war, folgte Einhorn auch diesmal nicht. Er brachte es fertig, daß der Streit über ein Jahr vollständig ruhte! Begünstigt wurde er dabei durch die politischen Ereignisse, die dem am 10. März des Jahres 1619 erfolgten Tode des Kaisers *Matthias* vorangingen und nachfolgten. Erzherzog *Ferdinand* bestieg unter dem Namen *Ferdinand II.* den deutschen Kaiserthron. Ein Feind der Protestanten und abhold allen Wissenschaften, legte er auch auf die Bestätigung *Johannes Keplers* als kaiserlicher Mathematiker wenig Wert. Der dadurch des Kaisers Schutz beraubte Kepler war um so weniger imstande, seiner Mutter helfend zur Seite zu stehen, als er, durch die nun über Deutschland hereinbrechenden Kriegswirren, von Württemberg vollständig abgeschnitten war.

In Linz, das die Bayern unter dem Herzog Maximilian belagerten, hatte der Sohn nun außer der quälenden Sorge um das Schicksal seiner Mutter noch die Beschwerden der Belagerung zu ertragen: Seine Besoldung wurde mit Arrest belegt, die Bestätigung blieb aus, und die Aussicht für seine Zukunft gestaltete sich immer trostloser. Seinen Gemütszustand zu dieser prüfungsreichen Zeit erkennen wir am besten aus einem Briefe, den er an seinen Freund Matthias Bernegger richtete, der ihn eingeladen hatte, die Gelegenheit eines Waffenstillstandes zu benutzen und zu ihm nach Straßburg zu kommen: ‚Das Schicksal gestattet mir weniger, als der grausame Waffenstillstand', schreibt Kepler, ‚Deiner freundlichen Einladung zu folgen. Zwar droht meiner Person keine Gefahr, noch dem Leben der Meinigen, und den Schatten, der auf meiner Mutter liegt, wird der klarste Strahl der Wahrheit zerstreuen; aber unser kleines Vermögen ist bis auf den Boden aufgezehrt. Darum können wir den Prozeß nicht vollenden. Unterdessen ist meinem zweiten Vaterlande der Strick einer harten Gewaltherrschaft um den Hals geworfen, und es schwebt dasselbe augenscheinlich in der Gefahr. Der Strick wird immer enger angezogen, und die Rückkehr dahin scheint sich mir zu verschließen. –

Trotzdem habe ich die Hoffnung noch nicht aufgegeben und bin meinem Vorsatz treu geblieben, meine Dankbarkeit zu beweisen und den Ständen auch in ihrer Gefahr zu dienen, wenn ich kann und sie mich nicht zurückweisen. Da ich hierauf warten muß, so ist es jetzt an der Zeit, daß Du, mein teuerster Freund, alle Deine Liebe zu mir, alle Deine Einsicht aufbietest, mir in Fassung eines Entschlusses beizustehen. Du siehst, die Flamme des Bürgerkrieges wütet in Deutschland, es siegen diejenigen, von welchen das Wohl des Reiches abhängt, das Benachbarte wird ergriffen, das Feuer verbreitet sich immer weiter. Soll ich also über das Meer hinübergehen, wohin mich Lord Woton einladet? Ich, ein Deutscher, ein Freund des Festlandes, dem vor der Insel bange ist, der ihre Gefahren ahnet? Ich, mit meinem schwachen Weibe und meinem Haufen Kinder –, den mir das Herz abdrückenden Familienjammer in der Schwebe zurücklassend? – Das mütterliche Erbe meiner Kinder haben die österreichischen Stände in Händen. Neuerlich hat der Bayer verboten, irgend einem Besoldeten einen Heller zu bezahlen. Ich deute dieses zwar milder aus den gegenwärtigen Umständen, weil ich eine bessere Zukunft wünsche; ich argwöhne jedoch, weil ich fürchte, es werde immer so bleiben.' –

Lord Woton hatte auf Wunsch des Königs Jakob I. von England einen Ruf an Kepler gelangen lassen; aber so verlockend die Anträge seiner Freunde und Gönner auch sein mochten, der über alle Selbstsucht erhabene Mann schlug sie aus Liebe zu seinem Vaterlande und zu seiner, seinem Beistand bedürftigen alten Mutter in den Wind. –

Indessen war von dem Leonberger Stadtgericht die Untersuchung des schwebenden Rechtsstreites dem Amtsschreiber in Merklingen, *Melchior Nördlinger,* übertragen worden. Nördlinger scheint sich der Sache mit Eifer angenommen zu haben. Wenn er auch den durch Einhorn zugunsten der Reinboldschen Partei eingeleiteten Gang des Prozesses nicht änderte, vielmehr ihm insofern Vorschub leistete, als er der Gegenklage der Reinboldin auf Zauberei stattgab, so war er doch wenigstens bestrebt, die Angelegenheit zu befördern und zum Austrag zu bringen. In seinem Reskript vom 5. November 1619 heißt es: ‚Demnach habe ich, sobald es wegen der hierorts liegenden Einquartierung geschehen konnte, den Produktionstag auf den 10. November gen Leonberg auf dem Rathause, zur rechten Tageszeit zu erscheinen, angestellt, und deswegen an beide Parteien, wie auch an diejenigen Amtsleute, die ernannte Zeugen gewesen, Schreiben abgehen lassen.' –

Dieser Produktionstag nahm am genannten Tage, morgens um 9 Uhr seinen Anfang und verlief nach der in damaliger Zeit vorgeschriebenen Ordnung. Erschienen waren die klagende Partei und die beiden Kriegsvögte der Beklagten samt allen zitierten Zeugen, außer Einhorn, welcher ‚gleichwohl anfangs sich präsentiert, aber vorgefallener wichtiger Amtsgeschäfte halber den Aktus nicht zu Ende abwarten konnte'. –

Nachdem Kläger und Beklagte, diese durch ihre Kriegsvögte, ihre Vorträge angebracht hatten, letztere noch gebeten, ‚den Ehrenfesten, Hochgelahrten *Matthias Hiller,* der Rechten Doktor und bestellten fürstlich württembergischen Kanzlei- und Ehrgerichts-Advokaten zu Stuttgart, dem Kommissario zu solcher Verrichtung beizuordnen' wurden alle Zeugen an ihre Pflicht ermahnt und beeidet. Den vorgesagten Eid mußten die Zeugen nachsprechen und zwar, ‚die Mannspersonen mit erhobenen drei Fingern, die Weibspersonen aber mit Legung ihrer rechten Hand auf die linke Brust.'

Nunmehr traten die Reinbolds mit ihrer Anklageschrift hervor. Sie umfaßt 49 Haupt- und 3 Zusatzartikel, in welchen der Keplerin zur Bekräftigung der Anklage alle Gattungen von Untaten und Zaubereien vorgeworfen und aufgebürdet werden.

Es gibt in der Geschichte der Hexenprozesse wohl kein zweites Schriftstück, welches die traurigen Folgen des Aberglaubens in so krassen Ausbrüchen niedrigsten Hasses und böswilligster Verleumdung zum Ausdruck bringt, wie diese Anklageschrift. Ich gebe sie in der gebotenen Abkürzung in Anlage II.

Den Eindruck, welchen sie selbst auf aufgeklärte und humane Rechtsgelehrten machte, empfinden wir am besten aus den Briefen, die *Christoph Besold,* Professor der Rechte an der Universität Tübingen, in dieser Zeit an seinen Freund Kepler richtete: ‚Die Klageschrift, durch welche Deine Mutter beschuldigt wird' – schreibt er am 25. April 1619 –, habe ich genau untersucht und ihre Anzeigen und Hilfsmittel, worauf sie sich stützt, erwogen: Die aber sind so beschaffen, daß sie den Schein der Wahrheit leider für sich haben. Zwar meine ich, daß keine von den Anzeigen weder wahr noch glaublich sind, wenn aber auch nur Wahrscheinlichkeit vorhanden, ist, so lassen unsere Rechtsgelehrten eine Anklage zu. Feindseligkeiten und Voreingenommenheit der Richter oder der Räte brauchst Du nicht zu befürchten; aber Beschlüsse, welche in meiner Gegenwart in ähnlichen Fällen gefaßt wurden, erregen Besorgnis. – Die Schwere der Sache und die vielfachen Folgen, welche sie nach sich ziehen kann, scheinen mir zu fordern, daß Du Dir von D. Bidembach Rat erbittest. Er ist der erste Berater unseres Fürsten und, wie ich weiß, Dir und den Deinigen durchaus günstig gesinnt. Es ist aber notwendig, daß Du ihn über das bereits Verhandelte sowohl, als auch über das neue, sowie auch über die Verteidigungen und Widerlegungen der Deinigen genaue Auskunft gibst. –'

Und einige Wochen später: ‚Ich habe Deinen Brief erhalten. Lieber, beklagenswerter Freund! Vor allem anderen kommt es nun auf die Sache Deiner Mutter an. Das geht mir über alles. Möge es mir an der Hand der mir gesandten Notizen gelingen, dem Rat Bidembach und dem Vizekanzler Faber eine bessere Meinung von Deiner Mutter beizubringen, damit nicht durch die Ränke der Gegner und des Vogts zu Leonberg der Zivilprozeß in einen Kriminalprozeß verwandelt werde. Ohne Vorwissen des Senats und der fürstlichen Räte kann nichts gemacht werden. Noch hoffe ich, daß das Schlimmste verhindert werde. Lebe wohl –.'

Johannes, der, durch die kriegerischen Ereignisse in Linz festgehalten, zu seinem größten Leidwesen außerstande war, seiner Mutter persönlich zur Seite zu stehen, mußte die Verteidigung den Sachwaltern und seinem Bruder Christoph überlassen. Der letztere stellte in sehr unvorsichtiger und ungeschickter Weise den Reinboldschen *Klageartikeln 116 Fragestücke* entgegen. Er beschuldigte u. a. darin den Vogt Einhorn, daß er von der Gegenpartei bestochen sei und besprach den Lebenswandel der Reinbold und ihrer Gehilfinnen öffentlich in sehr unschicklichen Worten.

Es würde zu weit führen, auf die Klagen und Frageartikel und auf die darauffolgenden, dicke Aktenfaszikel füllende Zeugenverhöre hier näher einzugehen: sie bringen das bereits bekannte und ähnliches in den verschiedensten Variationen wieder. Die unglaublichsten Aussagen wurden gegnerischerseits vorgebracht: Die Keplerin sei durch verschlossene Türen gegangen und zum Schrecken der Ahnungslosen plötzlich vor ihnen gestanden. Wenn eine, so verdiene diese Hexe lebendig begraben zu werden usw. Ja, man scheute sich nicht, selbst unmoralische Mittel anzuwenden, um die gehässigsten Erdichtungen geltend zu machen.

Die Verhandlungen sind traurige Denkmäler von der Sittenroheit einer trüben Vergangenheit, und wir können uns nur entsetzen über diesen furchtbaren, die ganze Bevölkerung, Gebildete und Ungebildete, beherrschenden Hexenglauben.

Selbst der Eidam, Pfarrer Binder, verzweifelte an der Möglichkeit, die Mutter zu retten, und scheint von ihrer Unschuld nicht mehr recht überzeugt zu sein. So erklärt es sich wenigstens, daß er der alten Frau, die noch immer im Pfarrhaus zu Heumaden bei der Tochter Unterkunft suchte und fand, verbot, ihm unter die Augen zu treten.

Am 23. Dezember 1619 hatte Einhorn alles Material zusammen, das geeignet war, die Sache zur Kenntnis des Malefizrichters zu bringen, und Nördlinger sandte die Akten dem Oberrat in Stuttgart ein.

Johannes versucht noch einmal in einer Bittschrift an den Herzog diesen günstig zu stimmen. Punkt für Punkt geht er darin die der Mutter vorgeworfenen Begangenschaften durch, sie kritisierend und aufs klarste widerlegend. Er befürchtet, daß ‚weil die hochbeschwerliche Rechtführung nunmehr in so langen Verzug und Verwirrung geraten, der Richter und folgedessen auch E.

F. Gn. als Landesfürst selber, durch die listigen Ränke unserer Gegner von dem eigentlichen Ziel auf fremde Ziele verleitet werden.' Nachdem er dankend der fürstlichen Befehle gedacht, hebt er besonders hervor, daß auf den im Jahre 1618 endlich erlangten Zeugenverhör ‚der unbescholtene Ruf meiner Mutter bis auf den Anfang dieser Rechtführung mit genugsamen, sonderlich mit vier alter ehrliebender Gerichts- und Ratspersonen Aussag ‚probiert' und erwiesen' – ‚Es wäre nun an der Zeit gewesen', fährt er fort, daß die Richter einen gerechten Spruch getan hätten, dessen sich ‚Gegenpart' nicht zu erfreuen gehabt haben würde. Stattdessen haben sie mit Verletzung des Rechts einen neuen Kriminalfall und aus einer Angeklagten eine Anklägerin gemacht und verstattet, daß die Kläger mit 49 der allerschrecklichsten und schändlichsten Artikel hervortreten, lauter alter Weibertand, teils lange vor 1614 geschehener Geschichten, insgemein sämtlich durch übelberüchtigte Personen dem Gegenpart zu Dienst aus- und zusammengefischt worden' –. Keplers Bitte geht nun dahin, es möge alles, was erst nach Anfang des Prozesses zur Verleumdung herbeigezogen wurde, als verdächtig abgewiesen werden, und der Herzog möge, wenn es zu einem nochmaligen Zeugenverhör komme, auch seinen, des ältesten Sohnes, wohlbegründeten Bericht annehmen. –

Daneben scheint Johannes indessen doch die Erkennung auf den Hexenprozeß vorgeahnt zu haben, denn er traf zugleich Vorkehrungen, seine Mutter vor den schrecklichen Folgen eines solchen zu bewahren und rechtzeitig in Sicherheit zu bringen. Er lud sie ein, sich im Schutze seiner verheirateten Stieftochter Regine nach Karlsbad in Böhmen zu begeben. Katharine trat zwar die Reise an, kam aber, wie das erstemal, nur bis Ulm. Hier wurde sie von Krankheit befallen und mußte nach längerem Aufenthalt, unverrichteter Sache wieder umkehren.

Nach Fehlschlagen dieses Versuches, die unglückliche Frau zu retten, war ihr Geschick besiegelt. Am 24. Juli 1620 traf die Entscheidung des Stuttgarter Konziliums ein. Die darin geführte scharfe Sprache zeigt, daß die Stimmung auch dort, unter dem Banne des Hexenglaubens, eine der Keplerin ungünstige geworden war:

‚Der Vogt solle alsbald sich mit Fleiß erkundigen, wo die Katharine sich anjetzt aufhalte, ob im Lande irgendwo bei ihren Kindern, oder außer Landes und wo. So sich nun befinde, daß sie im Lande, so sei selbige sofort in Haft zu nehmen, nach Leonberg zu liefern und über die wider sie eingebrachten Punkte, sowie auch auf die *Theologischen Artikel* fleißig zu examinieren, nach Erfindung der Sachen Beschaffenheit mit den Zeugen auch zu konfrontieren. Sollte sie nicht geständig sein, so sei die Tortur zur Hand zu nehmen. Falls sie aber im Lande nicht zu betreten sei, so würde mit Publikation der Zeugenaussagen, wie auch mit dem Prozeß nicht länger hinzuhalten, sondern dem Ansucher, Jacob Reinbold, zur Gebühr und schleunigem Recht zu verhelfen sein‘ –.

Hierauf wurde die Keplerin am 7. August 1620 nächtlicherweile im Pfarrhause zu Heumaden durch den Stuttgarter Vogt *Marx Waltter* verhaftet. Man fand sie nach dem Bericht des Vogtes nach langem Suchen in einer verschlossenen Truhe versteckt, ein Moment, das den Verdacht eines bösen Gewissens und der Schuld in den Augen der Hexensucher noch verstärkte. Um die schimpfliche Abführung aus dem Pfarrhause vor den Nachbarn zu verbergen, half die Tochter Margarete die schlafende Mutter in dieser Truhe selbst in das Gefängnis nach Leonberg forttragen. Die Aufgehobene wurde Einhorn mit dem Befehl übergeben, sie auf die Zeugenaussagen unter Bedrohung mit der scharfen Frage zu examinieren und ihre Urgicht neben Vermeldung, wie sie sich bei dem Verhör gezeigt habe, zu berichten; die Zeugenrotel solle er geheimhalten.

Die verzweifelte Tochter beteuerte, sich auf das vierte Gebot Gottes berufend, in einer Fürbitte an den Herzog, daß ihre Mutter sie in der Gottesfurcht und in allen Tugenden unterwiesen, auch selbst einen christlichen Wandel geführt habe. Ihre Mutter sei unschuldig und ‚er möge, wo nicht der hochbetagten 73jährigen, verhafteten Person zulieb, so doch der betrübten Bittstellerin zu großen Gnaden bewilligen, daß ihre alte, blöde Mutter mit hartem Gefängnis verschont und ihr ein kleines Stüblein eingeräumt werde‘ –. Vergebens! Sie erreichte nur, daß ihre Mutter in ‚ein leidenliche Gefängnus‘ gelegt wurde; im übrigen wurde sowohl sie als ihr Gatte, nachdem ihnen noch besonders vorgehalten war, daß diejenigen, welche sich der Zauberer annähmen, selbst, als von Gott abgefallen betrachtet würden, ab und zur Ruhe verwiesen.

So blieb der Tochter nichts anderes übrig, als im geheimen für das Wohl der Mutter zu sorgen und ihr Schicksal zu erleichtern: Sie wußte einen Stadtknecht zu überreden, sie zuweilen zu ihrer Mutter zu lassen, und steckte dieser einen Gulden zu, damit sie sich Eier und Gekochtes dafür beschaffen könnte. Dringend bat sie die Mutter, sich doch nicht durch Marter bewegen zu lassen, zu bekennen, was man von ihr wissen wollte, damit Johannes und sie alle nicht ‚sogar zuschanden gemacht würden'. – Auch Johannes suchte noch einmal Einspruch zu erheben, um das Schlimmste abzuwenden. In einer Eingabe an den Herzog schildert er an Hand genauer Daten, wie der Vogt Einhorn, trotz der oftmals anbefohlenen Beschleunigung, fortwährend bemüht gewesen sei, die Angelegenheit seiner Mutter absichtlich zu verwirren und zu verschleppen und den Oberrat von dem Plan, zunächst den Zivilprozeß zu beendigen, abgebracht habe. Seine arme, gefangene Mutter sei durch diese unbillige Verlängerung des Prozesses in die äußerste Armut geraten und auch ihm drohe Gefahr, sein Hab und Gut zu verlieren. Deshalb könne er nicht unterlassen, nochmals um endliche Effektuierung der gegebenen gnädigen ‚Vertröstung' flehentlich anzuklopfen und zu bitten, sich der armen Gefangenen zu erbarmen. ‚Meine unschuldige Mutter' – schließt er – ‚klagt Gott im hohen Himmel, daß, nachdem diese zwei oder wohl drei unterschiedlichen bürgerlichen Prozesse an die sechs Jahre hinausgeschoben wurden, sie durch die Listen und Praktiken ihrer Widersacher nunmehr zu einer peinlichen Klage wider sie gemacht werden sollen'. –

Aber auch dieser Appell verklang unbeachtet; der Hexenprozeß begann. –

III. Abschnitt.

Der Hexenprozeß.

Mich dünkt, ich hör' ein ganzes Chor
von hunderttausend Narren sprechen.

Nun, da er sein Ziel erreicht, suchte Einhorn den Prozeß mit allen Mitteln zu beschleunigen. Schon wenige Tage nach der Einlieferung der Keplerin fand ein Verhör statt, das aber insofern resultatlos verlief, als die Angeklagte zu keinem Geständnis zu bewegen war. Nur Nebensächliches gab sie zu; so, daß sie den ihr als unchristlich vorgehaltenen Segensspruch gebraucht habe. Sie halte denselben aber für ein Gebet, das von Pastor *Hitzler* und Pfarrer *Binder*, auch von ihrem Sohn, dem berühmten Astronomen, für unschuldig und heilig angesehen werde. Aber da fuhr der fanatische Dekan *Johannes Bernhard Buck* der Angeklagten grob ‚über die Haube' und meinte höhnisch, die genannten geistlichen Herren würden es hoch aufnehmen, daß sie dieselben in Verdacht bringe, als begünstigten sie das Segensprechen. So sei sie allein ‚auf dem Astrologen geblieben', woraus ihre Leichtfertigkeit und ihr tückisches Gemüt er erkennen sei. – In dem Bericht, den der Vogt über dieses Verhör nach Stuttgart einsandte, sagte er, daß die Verantwortung der Inhaftierten gering und schlecht gewesen sei; sie haben den Zeugen nicht rechtschaffen unter das Gesicht sehen können, es sei ihr bei allem Zauber, auch beim Vorlesen der theologischen Artikel, kein Auge übergegangen und sie habe sich auf der Zauberei verdächtige Personen berufen. ‚Weil nun verhaftete Keplerin und ihre Tochter', fährt er fort, ‚mich vor der Zeit wider besseres Wissen beschuldigen, als wenn ich aus böser Absicht gegen sie handle, so habe ich in diesem Verhör und Konfrontation den Stadtschreiber hier das Protokoll führen und verfertigen lassen, auch kein einzig Wort dazu noch davon getan.‘ Das war aber nur ein schlauer Kniff von ihm; denn dieser Stadtschreiber, namens *Werner Feücht,* war ein junger, unwissender Mensch und auch eine Kreatur Einhorns. Feücht führte gar kein eigentliches Protokoll, sondern verfertigte die Eingabe – *das Libell,* wie es in den Akten heißt – nach nachlässig gemachten Notizen. Danach fiel es denn auch aus: Selten ist darin die Verantwortung der Inquisitin angeführt; sondern es heißt bloß, ‚ihre Entschuldigung war heillos, liederlich; der Zeuge, dem zu glauben, hat widersprochen’, usw. Auf diesen, im höchsten Grade parteiisch gefärbten, Bericht erging vom Konzilio umgehend der Befehl, ‚die Verhaftete nochmals mit allem Ernst und Bedrohung mit dem Nachrichter zu examinieren und wenn sie in Güte nichts bekenne, noch mit der Sprache herauswolle, alsdann alle wider sie eingekommenen Anzeigen (sonderlich mit unterschiedlichen Tränken, davon Personen teils krank geworden, teils gar gestorben, item, daß sie dem Vogt für Stillschweigen ein Trinkgeschirr angeboten, ihres Vaters Schädel vom Totengräber begehrt usw.) auf sie zu häufen, sie auf die Tortur anzuklagen, solche, wenn erkannt, vollziehen zu lassen und nach hier zu berichten‘.

Hiermit war die Angeklagte der Gnade und Ungnade ihrer erbittertsten Gegner völlig preisgegeben. Christoph, der Sohn, dem die Unmöglichkeit, seine Mutter zu retten, sowie die Angst um eignen Schaden die Besonnenheit geraubt, suchte nur noch die Schande von sich und seinem Hause fernzuhalten. Die unüberlegte Art, in der er dies in einer Eingabe an den Herzog zu erreichen suchte, konnte nur noch mehr den Glauben erregen, daß er selbst seine Mutter der beschuldigten Verbrechen für fähig halte: Er wolle sich, schreibt er, der gegen seine Mutter getroffenen Verfügung zur Erforschung der Wahrheit nicht entgegenstellen. Da aber das Mittel, das nunmehr angewandt werden solle, zu schimpflich vor seinem und seiner lieben Frau und Kindern Angesicht sei und nicht ohne großen Hohn und Spott verrichtet werden könne, ihm auch in seiner Handtierung, als auch in dem ihm aufgetragenen *Trillmeisteramt*)* von großem Nachteil sei; so bitte er, daß man ihm die Schande erspare, und daß seine alte, verhaftete

Mutter von Leonberg wiederum abgefordert, an einen anderen Ort gebracht werde und man ihr dort Recht und Gerechtigkeit angedeihen lassen möge. –

Mit einer für den Zinngießer und seine Familie sehr ehrenwerten Begründung wurde seiner Bitte willfahren. ‚Darum, weil er von Jugend auf', heißt es in dem betreffenden Beschluß des Konziliums vom 25. Agusut 1620, ‚sich jederzeit ehrlich und redlich verhalten und nicht allein sein Handwerk tüchtig erlernt, sondern auch viele Jahre lang Städte und Länder durchwandert und sich in seinem Handwerk so ausgebildet hat, daß er sich mit seinen künstlichen Arbeiten vor keinem Zinngießer fürchten darf, ‚inmaßen' er auch von seiner F. Gn. zuerst zum Korporal und dann zum Trillmeister abgefertigt worden; ferner seine Hausfrau aus ehrlichem Geschlecht und ihr Vater, weiland Caspar Wendell, dem Schultheißenamt zu Eltingen an die 27 Jahre in Ehren vorgestanden, so soll dem Bittsteller, mit dem wir, weiß Gott, ein sonderliches Mitleiden tragen, gerecht werden.' Zugleich wurde dem Vogt Einhorn befohlen, die verhaftete Keplerin auf ihre Kosten dem Vogt zu Güglingen, *Ulrich Aulber*, nebst den sämtlichen Akten zu überliefern.

Einhorn kam zwar notgedrungen diesem strikten Befehl nach, ließ aber die Angeklagte auch ferner nicht aus seinen Klauen. In einem Begleitschreiben an Aulber legte er diesem die Gefährlichkeit der Hexe in gehässigen Worten ans Herz und schloß mit der Bemerkung, daß seines Erachtens zur Erforschung des rechten Grundes weiter nichts mehr, als ‚der Meister Jakob' – der Scharfrichter – nötig sei. –

Inzwischen war die Nachricht von der Gefangensetzung der Mutter und der damit heraufbeschworenen, gefahrdrohenden Lage auch zu dem Sohn Johannes nach Linz gedrungen. Sein Freund *Besold* schrieb ihm Ausführliches über den Stand des unheilvollen Prozesses und schloß: ‚Komm Du selbst, mein Johannes, und versuche mit allen reichen Mitteln Deines Geistes Deine

---

*) Von drillen, einexerzieren. Das Trillmeisteramt war die nächst höhere Stufe vom Korporal in der damaligen Bürgermiliz. Etwa unserem heutigen Feldwebelposten entsprechend.

unglückliche Mutter von Folterqualen und dem möglichen, ja wahrscheinlichen Flammentode zu retten. Meine Macht ist durch die Hilfe erschöpft, die ich der würdigen Frau Wellinger konnte angedeihen lassen.

Außerdem bin ich jetzt in diesem Lande kein sehr beliebter Mann; man schilt auf meinen Umgang mit einigen Vätern der Gesellschaft Jesu und hat die Reinheit meines protestantischen Glaubens stark in Verdacht, und in der Tat, mein verehrter Jugendfreund, möchte ich lieber ein Mitglied der heiligen Mutterkirche sein, deren uralte Bräuche schon wegen ihres Alters ehrwürdig sind, als mitten unter diesen zankenden, haarspaltenden Protestanten stehen, die wie bissige Hunde wegen eines Knochens sich gegenseitig ankläffen wegen eines Buchstabens in der Lutherischen Bibelübersetzung. Ist das die Reinigung des Christentums, die Verbesserung der Religion, von der man uns so pomphaft vorgesprochen? O mein Freund, mein Bruder, der Friede wohnt in meinem Herzen nicht, der Glaube, in dem man mich erzogen, scheint mir ein ekles, schales Formenwesen; aber Deine Liebe, Du Guter, Du Trefflicher, wird und kann mich nicht täuschen! Komm zu mir, eile, eile; auch Deine unglückliche Mutter bedarf Deiner, aber sicherlich nicht mehr als Dein leidender Freund Besold.' –*)

Dieser Brief traf Johannes in den glücklichsten Familienverhältnisssen, in seinem jungen Eheleben, das er sich durch seine zweite Heirat geschaffen, mitten in seinen gelehrten Arbeiten. Aber mutig riß er sich los, um seiner Mutter zu Hilfe zu eilen. Nachdem er noch in einem Bittgesuch beantragt hatte, mit dem peinlichen Prozeß bis zu seiner Ankunft innezuhalten, brachte er seine Familie nach Regensburg in Sicherheit. Ihm ahnte wohl, daß er sobald nicht zu seinen Lieben und zu seinen Arbeiten zurückkehren würde. Hätte er gewußt, daß ein und einviertel Jahre darüber vergehen sollten, der Abschied wäre ihm wohl noch schwerer geworden! So trat er die gefährliche und wegen der das Land

---

*) Über das Verhältnis Besolds zu Kepler s. näheres in meinem Buche: ‚Kepler und die Theologie'. Verlag von Alfred Töpelmann, Gießen, 1905. S. 72 ff.

überschwemmenden Kriegszüge äußerst beschwerliche Reise nach dem über siebzig Meilen entfernten *Güglingen* an. Sein Weg führte ihn über Landshut und Augsburg nach Ulm, wo man den berühmten Gelehrten mit großen Ehren empfing. Dann eilte er weiter nach Tübingen zu seinem Freund Besold. Die Nachrichten, die der Freund ihm von der Mutter geben konnte, waren so trostlos wie möglich. Mit seinen und einiger gleichgesinnter Tübinger Rechtsgelehrten Ratschlägen wohl versehen, traf er endlich am 26. September 1620 in Güglingen ein, wo er vollauf Gelegenheit fand, seine Mutter vor der grausamen Behandlung ihrer Peiniger zu beschützen. Man hatte die Gefangene bei der herbstlichen Witterung in einem kalten, dumpfen Loche untergebracht und sie der trostlosesten Einsamkeit überlassen. Obgleich von zwei Hütern bewacht, fand man es noch für nötig, die alte, abgelebte, kranke Frau zu fesseln und an der Mauer anzuketten.

Wir finden zu den Akten eine Reihe rührender Bittschriften Keplers, welche bezwecken sollten, die strenge Haft der Mutter zu erleichtern: ‚Meine gar nicht überwiesene Mutter' – schreibt er u. a. – ‚betrachtet ihre bereits vier Monate dauernde Gefangenschaft in ihrem 74. Lebensjahr als eine viermonatliche Tortur, die sie ohne Urteil und Recht aussteht. Es ist höchst schmerzlich, daß den Beschuldigungen ein so großes Gewicht beigelegt und ihre Handlungen in einem falschen Licht betrachtet werden. Sie hat nicht das mindeste Unrecht vorsätzlich begangen. Ihre Feinde möchten lange genug den Namen des barmherzigen Gottes zu ihrer Verfolgung mißbraucht haben. Sollten jedoch E. F. Gn. dem nach dem Gut und Blut meiner Mutter dürstenden Gegenteil länger zu Willen sein müssen, so geruhen E. F. Gn. wenigstens, der auf ihrer Unschuld ohne einiges Wanken beharrenden Gefangenen einen der beiden Hüter abzunehmen' –.

Alle seine Gesuche hatten aber nur den zweifelhaften Erfolg, daß die Mutter auf ihre Kosten in einer Stube des Stadtknechtes im Torhäuschen an ein eisernes Band gelegt und Tag und Nacht durch zwei Hüter bewacht gehalten wurde. Anwandlungen zu einer milderen Behandlung, die der Herzog zum Ausdruck brachte, wurden von der Gegenpartei im Keime erstickt. Wir erfahren darüber sehr interessante Einzelheiten aus einer Eingabe des Vogtes vom 14. November: ‚... Auf E. F. Gn. ergangnen Befehl, daß ich den einen Wächter abschaffen soll, kann ich nach Lage der Sache nicht dafür halten, die Verhaftete sei mit einem Hüter genugsam versichert. Sonderlich aber und in Betrachtung, daß, als sie noch im Turm gehalten worden und der Stadtknecht ihr das Essen gebracht und er ihr auf ihr Ansuchen einen Trunk Wasser dazu geholt und ordnungsmäßig die Tür hinter sich geschlossen, bis er mit dem Trunk wiederkommen, da hat die Verhaftete zu ihm gesprochen: „O, seid Ihr so ein böser Mann, daß Ihr mir so gar nicht traut? Laßt doch die Tür nur einmal offen." Gewiß hat sie doch vermeint, während er fort wäre und die Tür offen stehen lasse, sich der Haft zu entledigen! Item, als der Stadtknecht ihr am vergangenen 7. Oktober das Nachtessen in den Turm gebracht und sie gefragt, was sie tue, hat sie geantwortet: „Ach, was soll ich tun; da liege ich. Lieber Mann, lieber Mann, lasset mich hinaus, ich will Euch hundert Gulden an Geld geben, gebe ich Euch das Geld nicht, so will ich Euch einen Brief für hundert Gulden geben" –. Ferner hat sie ‚bishero' ein Messer bei sich verborgen gehalten; als nun die Hüter solches gewahr worden und wissen wollten, woher sie solches bringe, hat sie es anfangs ganz widersprochen; wisse nicht, woher es komme. Als sie aber ernstlich befragt, hat sie bekannt, das Messer hätte ihr eine Inkulpatin, welche bei ihr im Turm zu Leonberg gefangen gelegen und hernach justifiziert worden, gegeben; seither habe sie es bei sich behalten, begehre aber nichts damit anzufangen. – Daraus ist nun genugsam abzunehmen, daß, wo ihr im geringsten Gelegenheit gegeben wird, sie nicht unterlassen würde, auszureißen. Deshalb will ich nicht verabsäumt haben, E. F. Gn. also zu berichten (sonderlich weil ihr Sohn, der Astrologe, bishero vielfältig zu ihr ins Gefängnis gegangen) damit, wenn durch Erlassung eines Hüters Ungehöriges vorfallen sollte, ich dann desto besser entschuldigt sein möchte' usw. –

Daraufhin beeilte sich der Oberrat, zu verfügen, daß es wegen der ‚verhafteten Hexen von Leonberg' bei zwei Hütern verbleiben solle. –

Die Drachensaat Einhorns war bei seinem Nachfolger Aulber auf fruchtbaren Boden gefallen. Nicht nur, daß er entgegen der Prozeßordnung und dem ausdrücklichen Befehl das vorgeschriebene, gütliche Verhör überging, sondern er schritt auch ohne weiteres zur Anklage auf die Tortur. Da Einhorn nicht ohne Grund befürchtete, daß durch das Eingreifen Johannes' in die Verteidigung die Unrichtigkeit und Verlogenheit seines durch sein Werkzeug Feücht lanziertes Libell, auf welches hin der Oberrat seine Verfügung erlassen, an den Tag kommen würde, bewog er Aulber, eine von ihm aufgesetzte Anklage noch vor dem Eintreffen des Sohnes einzubringen. Diese ‚*Peinliche Klag*' bestand aus 23 Punkten. Ich gebe diese Klageschrift in der Anlage III. Sie bringt zwar manches uns schon aus den Beweisartikeln des Jakob Reinbold Bekannte wieder, ist indessen zum Verständnis der später folgenden Exzeptionsschrift des Anwalts der Keplerin und der Verteidigungsschrift Keplers, die sich beide auf die einzelnen Punkte beziehen, erforderlich. –

‚Was nun Beklagte verneint und widerspricht' – so leitet Aulber, rekte Einhorn die Klageschrift ein – ‚erlaubt sich Anwalt ohne Überfluß genugsam zu beweisen'; und schließt: ‚Wenn nun also die beklagte Keplerin in vermeldeten Klagpunkten (die bereits von allen Personen mit dem leiblichen Eide beteuert) der Hexerei halben höchlich graviert und noch ‚meheren' in Verdacht steht*), so ist hiermit des klagenden Anwalts rechtliches Begehren, mit Urteil und Recht zu sprechen und zu erkennen, daß Beklagte zur Erlernung der Wahrheit mit ernstlicher, peinlicher Frag der Tortur zu examinieren sei.' –

Hiermit hatte die Angelegenheit für die arme Keplerin eine sehr traurige Wendung genommen, und wäre die Sache weiter unter der Führung des verzweifelten, vollständig kopflos gewordenen Sohnes Christoph und des um sein Ansehen und sein Amt ängstlich besorgten Eidams, Pfarrers Binder, geblieben, die bedauernswerte Frau würde ohne Zweifel gefoltert worden sein und hätte ohne Gnade und Barmherzigkeit das Schicksal so mancher ihrer Leidensgefährtinnen teilen müssen.

Johannes aber griff, sobald er von dem Libell und der voreiligen Anklage Kenntnis erhalten, furchtlos in diesen Pfuhl der Verleumdung und Verlogenheit. Nichtachtend die bitteren Vorwürfe,

---

*) d. h. noch weiterer Untaten verdächtig ist.

die ihm der engherzige Bruder wegen solcher kostspieligen Prozeßführung machte, und die großen Unkosten, die ihm selber daraus erwuchsen, bat er zunächst um Gestattung des schriftlichen Prozesses und um die Genehmigung, einen Rechtsfreund zu ernennen. Beides wurde ihm vom Oberrat gewährt.

In einer 32 Artikel enthaltenden Antwortschrift, den sogenannten *Defensional-Artikeln,* waren er und sein Rechtsfreund, der Stadtgerichtsadvokat *Johann Rueff* zu Güglingen, besonders bemüht, den unterdrückten Zivilprozeß wiederherzustellen. Sie weisen die Klagepunkte Aulbers als teils unwahr, teils böswillig und absichtlich verdreht und verfälscht, zurück. Sie berufen sich darauf, daß die Keplerin zuerst geklagt habe, was als ein Zeichen eines reinen, guten Gewissens anzusehen sei, daß sie jahrelang in gutem Leumund gestanden hätte und daß alle Beschuldigungen erst nach ihrer Verfeindung mit der Reinboldin von dieser ausgesprengt seien. ‚Die Bezichtigungen und Verdachte seien durch Nachbarschaften, Schwagerschaften, tägliche Zusammenkünfte, Beklatschungen und andere dergleichen unsaubere Mittel dermaßen aneinander gekuppelt, daß unschwer zu erachten, wie ihre ganze Sippschaft anfänglich einzig und allein von der Glaserin erster Verleumdung hergekommen. Die üble Nachrede der Reinboldischen sei Vater zum Verdacht und Hebamme zur Aussage gewesen.‘ Sie beschuldigt die Zeugen des Komplotts und der Beeinflussung: ‚Dessen zum Beweis sei es, daß der Glaser und sein Weib vor dem ersten Zeugenverhör zu den Zeugen in ihre Häuser gegangen, dieselben ihrer bevorstehenden Aussag halber auch mit Drohungen unterwiesen, genötigt und gleichsam gezwungen, sie sollten dies und jenes Stück gegen Beklagte aussagen‘ –. Schließlich erklären sie, die Mutter sei nicht verbunden, auf die von ihren Widersachern durch unerlaubte Mittel auf die Bahn gebrachten Beschuldigungen zu antworten, bestreiten die gesetzmäßige Zulässigkeit der peinlichen Frage und beantragen die Aufhebung des Kriminalprozesses mit der Begründung, die Untersuchung des Zivilrichters gebe eine gründlichere Information, als die grausame Tortur und beschwere das Gewissen weniger; das öffentliche Wohl könne durch gelindere Mittel als durch die Beschwerde des Gefängnisses und gegenwärtige peinliche Anklage erreicht werden. –

Auf Ansuchen Aulbers um Beigabe eines Rechtsgelehrten wurde vom Oberrat in Stuttgart der Advokat *Johannes Friedrich Kraus* dazu ausersehen. Dieser scheint es vorgezogen zu haben, als gewissenhafter Mann, sich von der Führung des dunklen und grausamen Hexenprozesses fernzuhalten; er lehnte ab mit der angegebenen Entschuldigung, daß es ihm wegen Verwandtschaft mit der Keplerschen Familie und besonderer Freundschaft mit Johannes schwer fallen würde, gegen diese zu verhandeln. Nunmehr wurde der Kanzleiadvokat *Hieronymus Gabelkhover* mit der Sache betraut.

Gabelkhover scheint sich die Aufgabe sehr leicht gemacht zu haben. Schnell fertig war er mit dem Wort: ‚Daß die Keplerin der Hexerei sehr heftig graviert.' In einer Eingabe an den Herzog unterbreitete er diesem eine *Akzeptationsschrift* auf die Verteidigung Keplers, worin er sich besonders bemüht, die Zulässigkeit der Tortur darzutun. Seltsamerweise wurde diese, in leichtfertiger Art, ohne gründliches Aktenstudium, nur nach Hörensagen und aus vorgefaßten Meinungen konstruierte Schrift vom Konzilium genehmigt und so zur Grundlage des ferneren Prozesses. Sie verdient es aus diesem Grunde, hier wenigstens in ihren hauptsächlichsten Teilen festgestellt zu werden. Am 11. Dezember 1620 wurde sie vor dem Gericht zu Güglingen verlesen:

‚Nachdem die Verhaftete und peinlich Beklagte nicht allein alle Klagepunkte und die ihr auf den Hals erwiesenen, auch von ihr zuvor ganz oder teilweise bekannten Übeltaten freventlich wider besseres Wissen und Gewissen verleugnet und zu gesuchter Bemäntelung ihrer grundbösen Sache noch ferner etliche Defensionalartikel (wie sie solche nennt) übergeben, auch in denselben die wider sie geführten Zeugen und andere Personen, ja sogar ihre Obrigkeit bemängeln und das landesfürstliche Interesse in den Disput ziehen will, erscheint nunmehr fürstlich klagender Anwalt, nimmt aus der peinlich Beklagten Einreden und vermeinten Defensionales alles dienstlich für gerichtlich bekannt an, widerspricht allem Übrigen und Widrigen insgemein, ohne derselben durch Stillschweigen irgend etwas einzuräumen und protestiert hiermit feierlichst dagegen. Was die mit Unrecht so genannten Defensionales anbetrifft, so könnte Anwalt, trotz gegenteiliger Meinung, dieselben, als meistenteils unerheblich, annehmen; damit jedoch der Prozeß (zu dessen Verlängerung berührte Artikel anzusehen) soviel als möglich befördert werde, so gibt er darauf nachfolgende Antworten' –.

Und nun diese Antworten! Die wohlbegründeten Artikel Keplers werden zum größten Teil mit den kurzen, lakonischen Bemerkungen abgefertigt: ‚Sind dem Anwalt unbekannte Sachen' – ‚Ist nicht wahr' – ‚Wird nicht geglaubt' – ‚Wird rund widersprochen' – Jede Berufung auf Rechtsgründe wird mit den Worten abgewiesen: ‚Ist eine Rechtsfrage, auf welche zu antworten man nicht verbunden ist' –. Die Darstellung, wie die Keplerin durch die List ihrer Widersacher in gegenwärtige Lage verstrickt wurde, wird ‚für eine unbekannte Geschichte, die nicht hierher gehört' erklärt, usw. Ja, man verfehlte nicht, Stellen aus der Heiligen Schrift heranzuziehen, um der Inkulpatin ins Gewissen zu reden und der Macht der Obrigkeit einen besonderen Nachdruck zu geben. So Römer 13: ‚Denn sie ist Gottes Dienerin, dir zu gut. Tust du aber Böses, so fürchte dich; denn sie trägt das Schwert nicht umsonst: sie ist Gottes Dienerin, eine Rächerin zur Strafe über den, der Böses tut.' Und 1. Petri, 2: ‚... zur Rache über die Übeltäter' –. –

Unter nochmaliger Aufführung aller gegen die Keplerin eingekommenen Indizien stellt Gabelkhover, dem verständigen Richter, welcher das Gericht nicht den Menschen, sondern Gott dem Herrn (2. Buch der Chronika 19 v. 6.) halte, als dessen auch das Gerichtsamt eigentlich sei (5. Buch Mose 1 v. 17) und der befohlen habe, den Bösen von sich zu tun, dessen nicht zu schonen, noch seiner sich zu erbarmen (5. Buch Mose 13 v. 5, 8; 17 v. 12)' feierlichst anheim, ob die Tortur erforderlich sei oder nicht. Der Gipfel der Naivität aber erreicht Gabelkhover im Schlußsatz seiner Schrift, indem er sagt: ‚Falls nun der F. klagende Anwalt wider Verhoffen bei einem oder mehr Artikeln nicht sollte genugsam geantwortet, *so will er solche unverhoffte Mängel durch die Worte: „glaubt nicht wahr" ergänzt haben*' –. Und das alles unter dem Schutze des ‚Salvo Jure', welches Diktum großmächtig unter dem Dokument prangt! –

Mit dem Vorlesen dieser Akzeptationsschrift, welchem auch die Verhaftete ‚beneben' ihrem Herrn lieben Sohn, Herrn Johann

Kepler, gebührlich beiwohnte, war das gerichtliche Verfahren des Hexenprozesses wider die Keplerin eröffnet. Der zu diesem Rechtstag als Kommissar aufgestellte Stadtschreiber zu Brackenheim, *Sebastian Victor Coccyus,* setzte das Zeugenverhör, ‚weil es der Ferien halber eher nicht sein kann', für die zu Leonberg ‚nominierten' Zeugen auf Montag, den 8. Januar 1621, für die zu Güglingen auf Samstag, den 13. gedachten Monats an, und zwar abzuhalten ‚auf dem Rathause oder einer Wirtsherberge, wo es am füglichsten wird geschehen können'. Nach dem Bericht des Kommissars über dieses Verhör fand dasselbe für Leonberg wie angegeben, für Güglingen aber erst am 16. Januar statt. Als Zeugen waren geladen: 1) Herr Spezial, Dekan *Johann Bernhard Buck.* 2) Herr Untervogt *Lutherus Einhorn.* 3–6) *Ludwig Bilfinger, Severin Stahl, Hans Jossenhans, Werner Feücht,* sämtlich zu Leonberg. 7–9) *Martin Frankh,* Stadtknecht, *Jung Stoffel Frankh, Jakob Bidermann,* Bürger, alle zu Güglingen. Die Zeugen waren erschienen, mit Ausnahme des Herrn Spezials, ‚so Leibskrankheit halber nicht erscheinen konnte und deshalb nachträglich im Pfarrhause hat vernommen werden müssen'. Außerdem waren zugegen: der F. Anwalt, Herr Vogt zu Güglingen, *Aulber;* im Namen der Beklagten ihr Sohn, Herr *Johann Kepler,* einer löblichen Landschaft Österreich, Mathematiker; ihr Vetter, *Hans Guldenmann,* Bürgermeister zu Etlingen und der Beklagten Advokat, Herr *Johann Rueff.*

Nach Eröffnung der Sitzung übergibt Kepler ein *Interregatorium,* enthaltend 122 Fragstücke, auf welche die genannten Zeugen vernommen werden sollen. Angehängt ist eine Instruktion, worin verlangt wird, daß besonders die Zeugen allen Ernstes erinnert werden, in dieser wichtigen Sache sich wohl zu bedenken, die gefaßte, auch vielleicht von anderen ihnen eingegebene Mutmaßung ganz außer acht zu lassen und nichts anderes, als was ihnen gewißlich und unzweifelhaft bewußt sei, auszusagen. Einhorn sucht die Annahme dieser Zwischenschrift, von der er sich wohl nichts gutes vermuten mochte, zu hintertreiben, indem er auf die in der Zivilsache der Keplerin gegen die Reinboldin von dem Zinngießer eingebrachte Fragstücke hinweist, worin sowohl er, wie der Herr Kommissar damals gröblich beleidigt seien. – ‚Sofern nun jetzt', meint er, ‚dergleichen wiedergeschehen, protestiere er hiermit rundweg, antworte nicht darauf und verlange, daß die Fragstücke abgewiesen werden möchten.‘ – Kepler fertigt ihn indessen sehr geschickt mit der Einrede ab: ‚Er habe mit der Zivilsache nichts zu tun gehabt, sie gehe ihn und seinen Rechtsbeistand auch nichts an. Er hoffe, die jetzigen Fragstücke seien der Wichtigkeit der Sache nach, welche Ehre, Gefühl, Leib und Leben beträfen, gestellt und würden zu keinem ehrrührigen Anzug Veranlassung geben. Im übrigen gehörten die im Zivilprozeß vorgefallenen Sachen in diese Angelegenheit nicht hinein.‘ – Wie recht und billig, nimmt der Kommissar Keplers Schrift und Verlangen wohlwollend an.

Überhaupt muß man Coccyus das ehrende Zeugnis ausstellen, daß er aufrichtig bemüht war, die reine Wahrheit in dieser verwickelten Sache zu erforschen; man gewinnt aus der Verhandlung die wohltuende Überzeugung, daß hier ein ehrenhafter Charakter, ein gewissenhafter Mann seines Amtes waltete. Eindringlich verwarnt er die Zeugen vor dem Meineide; ‚Dreierlei große Übel‘, so sagt er, ‚lade der Meineidige auf sich: Erstlich, daß ihn die weltliche Obrigkeit strafe, entweder mit Abhauung der Finger, die er zum Zeugnis der Wahrheit fälschlich gegen Gott erhoben, oder mit Ausreißung der Zunge, mit der fälschlich geschworen, auf daß ihn jeder kenne und erfahre, daß er ferner zu keiner Aussage tüchtig und ehrlich sei. Zum anderen werde ihn, den Unehrlichen, jedermann meiden, zu keinem Gericht, Rat noch anderem ehrlichen Amt werde er gebraucht, sondern allenthalben von Versammlungen und Gesellschaften ausgeschlossen. Aber die dritte Strafe sei die allergrößte, daß ein solcher falscher Mensch, der schwerlich seinem armen Mitmenschen die Ehre, die er ihm in so fälschlicher Weise und Unwahrheit abgeschnitten, wiedergeben könne, an Leib und Seele verdammt und der ewigen Strafe teilhaftig werde. Darum wolle er die Zeugen gewarnt und ihnen die Strafen, so auf den Meineid stehen, ans Herz gelegt haben, damit jeder bedenke, was er sage, auf die Verlesung der Artikel und Fragstücke wohl Achtung gebe und in diesem hochwichtigen Werk, das nicht zeitlich Hab und Gut, sondern Menschenblut berühre, seine wohlbedachte, wahre Aussage gebe, eingedenk des Gebotes Gottes: *Du sollst nicht falsch Zeugnis reden, wider deinen Nächsten!*‘ –. Da die Zeugen meistens ‚gemeine Leute‘ waren, versäumte Coccyus nicht, ihnen die Bedeutung des Eides einzuschärfen: ‚Nämlich wenn ein Mensch einen Eid schwöre, so bitte er Gott, er wolle selber ein Zeuge seiner Seele sein, daß er dasjenige, dahin er mittelst Eides sich verbunden, auch treulich halte. Er bitte den allein gerechten, allwissenden und allmächtigen Gott selber, ihn in die Strafe zu stürzen, mit welcher er alle Meineidigen bedrohe, so er etwas Falsches bei Erstattung solchen Eides gebrauche. *Mit der Erhebung der drei Finger rufe der Zeuge alle drei Personen in der heiligen, unzerteilten Dreifaltigkeit an, nämlich Gott Vater, Sohn und Heiligen Geist,* daß er nur allein die lautere, unwandelbare Wahrheit aussage, niemandem zu Lieb und niemandem zu Leid, weder um Gabe, Geschenk, Gunst, Nutzen, Haß, Freundschaft, Feindschaft, Fluch oder anderes, was der Wahrheit hinderlich sein möchte.‘ –

Wenn man den sehr umfangreichen Zeugenrotel durchsieht, erkennt man, mit welcher peinlichen Gewissenhaftigkeit und Unparteilichkeit Coccyus bei dem Verhör verfahren ist: Jeder Zeuge ist auf das eingehendste auf die eingekommenen Artikel und Fragstücke examiniert, die Aussagen nach der Zeugen eigenen Worten niedergeschrieben, daneben auch die Art und Weise, wie die Aussagen gemacht waren, ja, sogar die Gesten und Gebärden, womit solche begleitet wurden, beschrieben.

Freilich, gegen den so tief eingewurzelten, lange gehegten Haß und den fanatischen Aberglauben konnte selbst ein so edler Mann, wie Coccyus, nichts ausrichten. Die Antworten der meisten Zeugen waren einsilbig: ‚Nein‘, ‚Ja‘, ‚Ist nicht wahr‘, ‚Ich weiß es nicht‘, ‚Ich weiß mich wohl zu erinnern, daß der Reinboldsche Zeuge dieses der Keplerin ins Gesicht sagte‘, ‚Wird sich im Protokoll finden‘, ‚Weiß nicht ich, sondern nur Gott im Himmel‘, ‚Die Keplerin war geständig‘, ‚Die Antwort der Beklagten war schlecht‘ usw. – Alle Zeugen stimmten darin überein, daß die Keplerin einen bösen Ruf habe, alle hielten das Kätherichen für eine Hexe, denn sie konnten sich die Vorkommnisse nicht anders als durch Zauberei erklären. Daneben blickt Ärger darüber hervor, daß wegen des Sohnes Johannes mit der Alten mehr Umstände gemacht würden, als mit anderen Hexen. Von Ehrerbietung und Achtung gegen den berühmten Landsmann findet sich nicht die geringste Spur. Besonders belastende Aussagen machten der Spezial, Dekan Buck, und der Untervogt, Lutherus Einhorn. Buck gesteht offen, daß er der Keplerin nicht günstig gewogen, weil sie eine wegen Laster hochgravierte Person sei und sich jederzeit verdächtig gezeigt, wogegen er dem Reinbold und seinem Weibe ein gutes Zeugnis ausstellen müsse. Die Keplerin sei auch gotteslästerisch. Denn als er sie einmal wegen des Segensprechens verwiesen und ihr aus der Heiligen Schrift dargetan habe, daß solches verboten und unschristlich sei, da habe sie höhnisch darüber gelacht, den Namen Gottes mißbraucht und gesprochen, das habe sie ihr Lebtag nicht gehört. –

Einhorn sagt aus: ‚Ich habe von Jakob Reinbold und seinem Weibe nicht so viel Ungebührliches gehört, als von der Beklagten. Eid und Pflicht verbinden mich, gegen sie zu sein. Johannes Kepler wird mich nicht dazu bringen, daß ich glaube, das Geschenkanerbieten mit dem silbernen Becher sei unter der Bitte, das Zeugenverhör vorgehen zu lassen, gemacht.‘ – Beide fanden es besonders gravierend, daß die Beklagte die Zeugen nicht habe grade ansehen können und nicht geweint habe, wie es doch billig geschehen müsse, wenn sie sich unschuldig wähne. ‚Es sei sonsten natürlich, daß, wenn ein ‚ehrliebend Mensch‘ so hoch an Ehr und Gefühl angetastet werde, es weine; aber die Erfahrung lehre, und es sei bei vielen justifizierten Hexen observiert, daß sie nicht weinen könnten. Ach das arme Weib! Ihre Peiniger erinnerten sich nicht eines früheren Verhörs: Da hatte der Gerichtsbeisitzer Hans Jossenhanns sie gefragt: Kätherichen, wenn Ihr ein fromm‘ Blutstropfen in Euch hättet, so sollt Euch auch einmal ein Aug‘ übergehen.“ Und er erhielt die rührende Antwort: „Liebe Herren, ich habe in meinem Leben so viel geweint, daß ich nicht mehr weinen kann.“ –

Viel Gewicht wurde auch auf die Lähmung des Schulmeisters Beittelspacher gelegt. Er war ins Gerichtslokal getragen und auf dem Fußboden niedergelegt. Alle Zeugen erkannten darin ein Opfer des Bundes der Keplerin mit dem bösen Feind und glaubten den jammernden Worten des Schulmeisters und seinem Eide, daß an seinem großen Kreuz niemand anders Schuld sei, denn die Keplerin mit ihrem Hexentrank. Und doch war es nur ein Verblendeter, ein Undankbarer, der die alte Frau, durch die er einst Wohltaten empfangen hatte, durch seinen böswilligen Verdacht ins Elend stürzte.

Auf den Bericht des Kommissars Coccyus über dieses Zeugenverhör erfolgte vom Oberrat in Stuttgart unterm 10. März 1620 der Befehl, ‚es solle beiden Parteien Abschrift zugehen, und wenn von der Verhafteten weiter nichts eingehe, alsdann die Sache zu Recht gesetzt und Urteils halber bei der Juristen-Fakultät zu Tübingen konsultiert worden.' Solche Einmischungen waren aber nicht im Sinne der Hexenrichter, wie wir schon früher bei ähnlichen Anlässen gesehen haben. Das Gericht zu Güglingen remonstrierte gegen den Befehl mit folgender Begründung: ‚Nachdem nunmehr der peinliche Prozeß gegen die Keplerin bis zur Tortur gediehen ist, scheint es uns die Sache nur weiter aufzuhalten und kostspieliger zu machen, wenn wir uns Urteils halber von der Juristen-Fakultät zu Tübingen sollen Rechts belehren lassen. Es würde uns sehr beschwerlich fallen, die daraus erwachsenden großen Unkosten von der hiesigen Gemeinde wieder einzuziehen, ‚sintemalen' Verhaftete nicht im Güglinger Amt eingefangen, sondern von Leonberg aus nach Güglingen ins Gefängnis übergeführt worden ist. Deshalb bitten wir um Abänderung des Befehls ...' usw. Obgleich der Oberrat seinen Befehl aufrecht erhielt, verstand es die klagende Partei doch, die Zustellung des Zeugenrotels über zwei Monate hinzuhalten, während welcher Zeit die arme Gefangene vergebens im Kerker schmachtete. Nach endlich erfolgter Zustellung übergab der Keplerische Anwalt eine Exzeptions- und Defensionsschrift auf die ‚Klagschrift' vom 4. September 1620. Hierin brandmarkt er vor allem das Auftreten des Spezials als inquisitorisch, führt ehrende Zeugnisse über die Angeklagte an und erklärt die angeblichen Hexenwerke als natürliche Krankheiten. Es ist dies eine merkwürdige Urkunde, die so recht vor Augen führt, wie in der Zeit des Zauberglaubens eine der Hexerei angeklagte Person verteidigt wurde. Auch kulturgeschichtlich bringt sie manches Bemerkenswerte, so daß es gerechtfertigt sein dürfte, sie hier wenigstens im Auszuge mitzuteilen. Anlage IV. Auffällig ist, daß in dieser Verteidigung die Existenz der Hexen und das Vermögen derselben, übernatürliche Krankheiten zu erregen, ohne weiteres eingeräumt wird. Hierin und in den wiederholten Zitaten aus den magischen Schriften des Jesuiten Martin Delrio und anderer, erkennen wir so recht ein Zeichen jener Zeit. Weiter erscheint es verwunderlich, daß sogar das Ansichtragen der gesetzlichen Indizien der Zauberei bei mehreren Handlungen der Keplerin zugegeben wird und daß die Verteidigung sich nur auf den Beweis beschränkt, es sei kein ‚Corpus maleficii', kein sichtbares Zeichen der Zauberei, vorhanden, sondern jene zauberische Anzeigen gehörten nur zu den entfernten, weshalb die Anschuldigung nicht von der Erheblichkeit sei, daß wegen solcher zur peinlichen Frage geschritten werden könne.

Aber wir müssen uns erinnern, daß der Glaube an Hexen und deren übernatürliche Kräfte zu jener Zeit so fest eingewurzelt, ja gewissermaßen zu einem Dogma geworden war, so daß das bloße Verleugnen desselben schon gefährlich werden konnte. Deshalb mußten selbst vorurteilsfreie und aufgeklärte Männer zu solchen superfeinen und ausgeklügelten Unterscheidungen ihre Zuflucht nehmen, um das alpdrückende Traumbild des Hexenglaubens nicht anzutasten. Eklatante Beispiele hierfür sind, daß die Aussage Beittelspachers, die Keplerin sei durch verschlossene Türen zu ihm gekommen, nur darum für unglaublich und nicht gravierend erklärt wird, weil er noch nachher mit ihr aß und trank, und man sich auf den Umstand berief, daß keine der zu Leonberg torquierten Hexen die Keplerin als zu ihrer Gesellschaft gehörig angab. Nur das erlaubte man sich schüchtern, als gegen die gesunde Vernunft verstoßend, anzugeben, daß man glaubhaft finde, ein Mensch vermöge ‚einen anderen, und sei es auch nur ein Stück Vieh'*), ohne Berührung zu bezaubern.

In Berücksichtigung alles dessen ist die Verteidigungsschrift an sich ein Meisterstück, wenn wohl sie auch sonst nicht sehr geeignet erscheint, die Angeklagte von dem auf ihr ruhenden Verdacht zu entlasten. Das merkte auch der Fstl. Ankläger sehr wohl und ließ mit seiner Erwiderung lange auf sich warten. Erst am 20. August, also beinahe dreiundeinhalb Monate später, kommt er damit heraus. Auf dem nun abgehaltenen peinlichen Rechtstag wurde diese sogn. Deduktions-, resp. Konfutationsschrift des Fürstlich klagenden Anwalts vorgetragen. Sie geht darauf hinaus, auf alle Fälle die Tortur an der peinlich Beklagten

---

*) So steht in der Akte.

durchzusetzen. Nicht ohne Schauder liest man die grausamen und unvernünftigen Behauptungen, die zum Verderben der der Zauberei bezichtigten Unglücklichen von den Rechtsgelehrten damaliger Zeit aufgestellt wurden. Was Wunder, wenn sich unter den Händen solcher Richter selbst ganz harmlose Sachen in offenbare ‚corpora maleficii' verwandelten, Unschuldige vor den Kriminalrichter geschleppt und kraft rechtens gefoltert und verbrannt wurden!

Ich gebe von dieser Widerlegungsschrift ebenfalls einen Auszug, wobei ich mich, der sich immer wiederholenden, bereits bekannten strittigen Punkte wegen, kürzer fassen kann.

Siehe Anlage V.

Mit einem ‚Salvo omni jure' schließt Aulber dieses die Tatsachen einfach übers Knie brechende Dokument, nicht ohne vorher nach seiner Gewohnheit mit einem Zitat aus der heiligen Schrift seine Auslassungen sanktioniert zu haben: 2 Chronika 19 v. 6. 7: „Sehet zu, was ihr tut; denn ihr haltet das Gericht nicht den Menschen, sondern dem Herrn; und er ist mit euch im Gericht. Darum laßt die Furcht des Herrn bei euch sein, und hütet euch und tut es; denn bei dem Herrn, unserem Gott, ist kein Unrecht noch Ansehen der Person, noch Annahme des Geschenkes" –.

Aus dem ‚Peinlichen Gerichtsprotokoll', Güglingen, den 22. August 1621, ist ersichtlich, daß der ‚Peinlich Beklagtin' fürgebracht worden, was am jüngsten Rechtstag wegen weitläufiger Ausführung des Fürstl. Herrn Anwalts Deduktions-, resp. Konfutationsschrift begehrt und bewilligt worden. Die Verhaftete erschien auf diesem Rechtstag ‚auch gehorsamlich „Leider" mit Beistand ihres Herrn Sohnes, des Mathematikers Johann Kepler'. –

Es zeigt uns das Wort ‚leider' das in der Originalakte noch durch Krähenfüße und auch in der Schriftart hervorgehoben ist, wie sehr die Verteidigung Keplers bei dem Gegenpart gefürchtet war. Man versuchte auch deshalb, ihn aus der Verhandlung herauszudrängen: Mitleidig brachte man die langen Gefängnisleiden der armen Beklagten vor, meinte, die Sache läge ja so sonnenklar zutage, daß eine weitere Disputation sie nicht ändern könne und daß die Tortur unumgänglich sei; wozu dann also noch die Qualen der Gefangenen unnötig verlängern! Man beantragte, keine weiteren neuen Sachen der Beklagten fürder anzunehmen und den

Rechtspruch zu tun. Kepler indessen war anderer Meinung. Mutig trat er für die Unschuld seiner Mutter ein und forderte für sie ‚das letzte Wort', welches der Ankläger ihr durch Vortrag zweier Schriften in einem Akt entziehen wolle. ‚Weil aber', so trug er weiter vor, ‚die Schrift des Herrn Anwalts sehr weitläufig und insofern gefährlich sei, als durch die vielen darin enthaltenen Rechtsirrtümer und Vergewaltigungen der Tatsachen der Richter irre gemacht, oder derselbe leichtlich zu einem Mißverständnis verleitet werden könne, so müsse man der Beklagten gestatten, eine Entgegnung einzubringen' –. Er erbittet dafür drei oder vier Tage Zeit, ferner um Übergabe der Schrift Aulbers im Original. Beides mußte ihm gewährt werden. Um die Leiden seiner Mutter nach Möglichkeit abzukürzen, beeilt sich Kepler mit der Abfassung der Entgegnung, der sogn. Konklusionsschrift, aufs äußerste. Tag und Nacht ist er damit beschäftigt, und schon nach zwei Tagen hat er die Genugtuung, diese 60 Folien umfassende Schrift dem Gericht übergeben zu können. Sie folge hier im Auszuge, mit Umgehung der Eingangsformeln und des schon Bekannten:

Konklusions-Schrift (Das letzte Wort)
an Statt mündlichen Beschlusses,
der Katharine Keplerin, Peinlich Beklagten,
kontra
Unseres gnädigen Fürsten und Herrn Anwalts.
Gerichtlich übergeben den 22. August anno 1621.

‚Es hätte zwar die in langwieriger Verhaftung liegende Beklagte nichts lieber gesehen, als daß nach Publikation des Zeugenverhörs am gewesenen 13. Februar zur Beförderung dieses hochbeschwerlichen, peinlichen Prozesses der Herr Anwalt sogleich seine Beweisführungen zur peinlichen Anklage aus diesem Zeugenverhör verfaßt, gerichtlich eingereicht und hiermit der unschuldig Verhafteten zu besserer und kürzerer Stellung ihrer Verteidigungsschrift den Weg gebahnt hätte. Statt dessen ist aber die peinlich Beklagte wider alles Verhoffen zwei ganze Monate, bis zum 12. April, in der Ungewißheit gelassen, was sie vom Fürstl. Herrn Anwalt zu gewärtigen, und alsdann erst verständigt worden, daß sie keine fernere Beweisführung zu erwarten habe, sondern entweder im allgemeinen sich unterwerfen oder ihre Gegennotdurft eingeben solle. Nachdem letzteres am 7. Mai geschehen, hätte sie sich doch wenigstens dessen versehen, daß sie mit einer so weitläufigen Deduktion, womit der Fürstl. Anwalt nach Verlauf von abermaligen dreien Monaten nunmehr herauskommt, verschont geblieben wäre. Hierdurch würde man gegenwärtiger Konklusionsschrift überhoben gewesen sein. Nunmehr aber findet sich die Verlegenheit, daß der Beklagten Verteidigung vorhergeht, des Klagenden Deduktion aber erst hernach folgt, und man auf der Keplerin Seite genötigt ist, nur kurz anzudeuten, an welchem Ort ihrer Defension auf jeden Punkt der Deduktion bereits geantwortet ist. In seiner eingereichten Schrift hat Fürstl. Anwalt eine andere Ordnung, als in der Klagschrift und den Additional-Artikeln gehalten worden, beliebt und die vorgeblichen Anzeigen auf eine größere Anzahl ausgedehnt.

Beides zweifellos in der Absicht, das, was der schlecht fundierten Anklage an Materie abgeht, durch die Form und größeres Ansehen zu kompensieren, damit auf alle Fälle die beanspruchte Tortur durchgehe. Es versieht sich aber die arme Beklagte zu dem gerechten Richter, daß er nicht die Anzahl, sondern den Wert der vermeinten Anklagungen gelten lasse.

Als Eckstein setzt zunächst der Anwalt das Versprechen eines Bechers für den Vogt zu Leonberg. Wie böswillig aber diese Versprechung zu einer Bestechung des Richters verdreht wurde, wird in der Keplerischen Defension bei Widerlegung des 20. Klag-Artikels sattsam ausgeführt. Da der Vogt Einhorn sich einer ungemessenen Macht über Ihre Fürstl. Gnaden verwittibte Untertanin durch widerrechtliche Entnehmung des nach so langem Aufzug erlangten Produktionstages, an welchem der Keplerin Heil und Wohlfahrt gelegen gewesen, unterwunden, also mit Sperrung des Rechtens so viel getan und mehr, als vielleicht der Landsfürst selber schlimmsten Falles sich anmaßen würde, so läßt man den billig denkenden Richter den Ausschlag geben, wie stark es an einer unterdrückten Untertanin zu ahnden, wenn sie zu Begütigung eines solchen, ihr auf dem Hals sitzenden Stadthalters und zu Erhaltung des Fortgangs ihres Rechts ihm eine Verehrung verspricht.

Betreffend das andere und dritte Indizium, als sei die Keplerin zu unterschiedlichen Malen geflohen, item habe sich in einer Truhe versteckt, so finden sich in den Akten darüber die unersichtlichsten und grundfalschesten Auflagen durcheinander geworfen. Folgendes noch hebe ich hervor: Ehe die Keplerin ihren Wohnsitz nach Heumaden verlegte, befahl der Vogt Einhorn gleichsam amtlich ihrem Sohne Christoph vor gesessenem Gericht, seine Mutter anzuhalten, daß sie den Leuten nicht so viel zu Haus gehe und Verdacht verursache, mit Androhung des Einsetzens. Dem vernünftigen Richter wird zu bedenken heimgestellt, welche Wirkung diese nicht privatim, sondern vor allen Leuten öffentlich gemachte Ankündigung zu Bestärkung der Gegenpartei und des Argwohns bei dem Richter und zu Vermehrung des Geschreies bei dem so schon gereizten Volke gehabt, und ob ihre Kinder nicht dringende Ursache hatten, ihrer alten Mutter bei der Tochter eine ruhigere Wohnung zu verschaffen.

Selbst wenn die Keplerin ganz ausgewichen und nicht wiedergekehrt wäre, so könnte eine solche Flucht vor den Drohungen und Machenschaften ihrer Feinde nicht für ein übles Zeichen gehalten werden.

Es werden auch der Keplerin ihre anderen gehabten und ausgeübten Reisen für eine Flucht und Anzeige eines bösen Gewissens ausgelegt, wie u. a. in der Hallerischen Sache ausgedeutet ist.

Nachdem sie ihre Klage bis zur Abfassung des Urteils gebracht, aber statt des Urteils gegen das fürstliche Landrecht in der nämlichen Sache beklagt wurde, so befestigte sie dennoch den Krieg Rechtens, antwortete, wartete das Zeugenverhör aus, und stellte zu diesem Ende die vorgehabte Reise ein, ob sie gleich durch den fürstlichen Befehl vom 26. November 1617 die ausdrückliche Erlaubnis erhielt, sich zu ihrem Sohne in Österreich zu begeben und von demselben vielfach zu der Reise angemahnt war. Zur Verstärkung dieser Indiziums wird vom Anwalt auch die Einschließung in der Truhe angezogen. Es geschieht der Mutter damit zu viel, sonsten sie wohl erstickt sein würde. Sie wurde einfach von der Tochter mitsamt dem Bettdeck in die nächststehende offene Truhe gelegt, um den Spott des öffentlichen Abfahrens der Mutter vom Pfarrhaus abzuwenden, welches gar wohl zu verantworten, angesehen die Keplerin bereits drei Jahre ihre ununterbrochene Wohnung zu Heumaden bei ihrer Tochter hatte und zu einem solchen Überfall ohne vorhergegangene gerichtliche Vorladung keine Ursache gab.‘

Kepler unterzieht nun alle die von der Gegenpartei vorgebrachten und in der Verteidigungsschrift vom 7. Mai bereits widerlegten vermeinten Indizien einer eingehenden, scharfen aber gerechten Kritik. Ich beschränke mich hier auf die Wiedergabe einiger Stichproben:

‚Daß die Keplerin dem Beittelspacher nach anno 1608, in welchem Jahre sie ihre Tochter verheiratete und füro niemand mehr zu Haus hatte, der ihr mit Lesen und Schreiben gedient hätte, viel nachgegangen, dafür gibt sein Gewerbe redliche Ursache an Hand. Und sollte sich dieser Fabelmann zu erinnern wissen, daß es manchem Hausvater widerfährt, daß er vermeint, er habe sein Haus zugeschlossen, aber dabei entweder gar nicht zugemacht, sondern nur die Tür angelehnt, oder daß sie von jemandem seiner Hausgenossen wieder aufgeschlossen und offengelassen. So erklärt sich *das Wunder von dem Erscheinen durch verschlossene Türen;* aus anfänglichem Gesage wird zuletzt bitterer Ernst.

Der Fürstl. Anwalt führt hier aus dem Zeugenprotokoll an, welches nicht publiziert wurde und daher billig verworfen wird.

Fürstl. Anwalt berühmt sich bei vielen Delikten, daß es für ein Indizium zur Tortur zu halten ist, *wenn ein Beschädigter jemand der Missetat selbst bezeihe, darauf sterbe oder mit Eid beteure.* Hier wider ist aber zu beachten, daß man allgemein angenommener Meinung, einem *Sterbenden zum Nachteil eines anderen nicht geglaubt werden darf,* auch wenn eine solche Behauptung durch einen Eid beteuert ist. Zu geschweigen, daß die Peinliche Halsgerichtsordnung nicht ausdrücklich von einer widernatürlichen und geheimen, sondern von einer notorischen Beschädigung, da jemand vom andern auf den Tod verwundet wird, fürnehmlich redet, auch muß solche tödliche Verletzung mit besonderen genugsamen Ursachen bestätigt werden, was sich hier keineswegs findet. Im Gegenteil, hier liegt ganz offenbare Verleumdung vor, dem vermeintlich Beschädigten entsprungen teils aus sträflichem Aberglauben, teils aus nichtigem Argwohn, teils aus neidischem Herzen. –

Bei dem Fall mit der Anna Maria, der Tochter des weiland Pfarrers Maisterlin besteht die Widerrede nicht nur auf der Zeit, sondern auf dem einfachen Fürgeben, die Keplerin habe sie geschlagen. Nun ist erwiesen, daß sie diesen Schlag beim Austrieb der Ziegen auf dem Markt zu Gerbersheim erhalten hat. Der Richter wolle bemerken, daß zu gleicher Zeit die Keplerin als flüchtig angegeben wird und zu Stuttgart auf offener Gasse mit bekannten Leuten redend gesehen wurde. Die Anna Maria wird also zu Gerbersheim wohl von einem Ziegenbock oder dem Hütebuben den Schlag oder Stoß bekommen haben, dessen sie sich freilich wohl lieber von der Keplerin versehen hätte.

Des abergläubischen Schneiders Daniel Schmidten Argwohn ist sich um soviel weniger zu verwundern, als dieser der nächste Nachbar der Reinboldin und Beittelspachers ist. Seine Aussage ist um so viel weniger zur begehrten Tortur von Belang, weil er nur das, was dazu von ihm verlangt wird, aussagt, auch wenn er es selber nicht für wahr hält. –

Anlangend den vielberührten Handel mit Jörg Hallers Töchterlein, so sind für dessen Nichtigkeit so sonnenklare Beweise beigebracht*), daß es unnötig ist, sich in weitere Beweisführungen einzulassen. Überhaupt wolle der Richter sich wohl zu Gemüt ziehen, wie durch Beschwätzung, Ausforschung, vorsätzliche Verdrehung an sich ganz ungefährlicher Worte, unmerklich in den Reinboldschen Zeugen Argwohn erregt und sie sodann durch den Zeugeneid im bürgerlichen Prozeß gefesselt wurden. Dagegen sie in der weit ernstlicheren peinlichen Klage mit dergleichen unerheblichen Sachen dahinten geblieben sein würden.

Obwohl auch diese Reinboldin, nicht weniger als Beittelspacher, freventlicherweise sich erboten haben, einen leiblichen Eid zu schwören, daß der Trank der Keplerin ihre Krankheit verursacht habe, so ist doch der Richter hierdurch des Zusammenhanges der Tat und der Wirkung nicht versichert, weil in dieser Gattung Verbrechen kein Zeugnis über dasjenige gefordert werden

---

*) In der Verteidigungsschrift vom 7. Mai 1621.

kann, was in der Sache unsichtbar ist, sondern es wird zu des Richters Gutachten gesetzt, ob er einen notwendigen Zusammenhang zwischen den bezeugten Umständen und zwischen der behaupteten Art der Verletzung nach seinem natürlichen menschlichen Verstande schließen kann oder nicht.

‚Was maßen' die Reinboldin vorher zum Verderben ihrer Feindin praktiziert, ist allein aus diesem offenbar: Noch anno 1610 hat sie mit ihr in gutem Einvernehmen und Kundschaft gestanden. Dann hat sie angefangen, die Keplerin in vertrauten Gesprächen mit ihren Nachbarn, Beittelspacher, Gültlinger, Daniel Schmidt und anderen, hinterrücks durchzuziehen und insgeheim für ein ‚unrichtig Weib' umzutragen. Sonderlich zu der Zeit, als im Leonberger Amt etliche Schuldige eingezogen und justifiziert worden, und deshalb insgemein auf alle alte verwittibte Weiber mit Stumpfirworten zu sticheln begonnen. Trotzdem konnte die Reinboldin auf die Klage unserer Mutter ein ganzes Jahr lang mit keinem Schein eines Unholdenstückes aufkommen. Sie sagt selbst im ersten Zeugenverhör, daß sie darum mit dem Prozeß solange innegehalten habe, damit sie mehr Unholdenstücke erfahren möge. Inzwischen erfüllte sie die Stadt mit gleißnerischen Weheklagen über ihre Schmerzen, lief in die Häuser, so daß man sie mit einem Fußtritt hätte hinauswerfen mögen, item schickte ihren Ausspäher, Provisor Victor Hecht, aus, welcher die Leute auslockte und der unvorsichtigen Keplerin sich zu Zeugen einschwätzte, item das Material zu den 33 Fragstücken zusammentragen half.

Obgleich der Vogt Befehl hatte, in der bürgerlichen Rechtfertigung, ungeachtet neuer Klagen, fortzufahren, so setzte er doch diesen Befehl hintan, und schickte, anstatt die Verhandlung zu Ende zu führen, das Examen unter dem Schein von Malefiz-Sachen zur Kanzlei ein. Nachdem hierdurch ein Fundament gelegt war, erfolgte erst das Meisterstück wohlverdeckter und mit dem Mantel des völligen Rechtens bekleideter Praktik, indem auf die Verhaftung gedrungen wurde, unter dem Fürgeben, die Keplerin sei zur Flucht bereit. Dieserhalb ist Reinbold selber als ein Ausspäher zu Heumaden und in den umliegenden Waldungen gesehen worden. Ja, sogar nach dem schmählichen Überfall und der Verhaftung, welche den Reinboldschen unzweifelhaft durch ihre

Spione avisiert worden, haben diese sich nicht entblödet, die arme Gefangene öffentlich zu beschimpfen, und auf Beförderung der Kriminalklage gedrungen, wie es der Fürstl. Anwalt alles in den Akten finden wird. Daß die Reinboldin nicht gleich nach empfangenem Trunk krank wurde und Verdacht schöpfte, wie böswillig angegeben wird, beweist die Keplerin mit der Aussage von Zeugen, welche sie noch im Jahre 1614, gleich in dem Jahr, als die Reinboldin ihre argen Beschreiungen angefangen, in dem Hause der angeblichen Hexe, freundlich mit ihr redend, gesehen haben. Kläger will nicht angeben, wie lange es eigentlich her sei, daß der geklagte Trunk gegeben worden: Desto weniger Grund Rechtens hat die hierüber geführte Klage zur Tortur.

Die hiernach folgende vom Fürstl. Anwalt zu sonderlichem Grauen zusammengeflickte Anhäufung von Zeugnissen, wodurch die Keplerin vor 8, 9, 10, 18, 20, 25 Jahren schon zur Unholdin gestempelt werden soll, zerfällt nach und nach in sich selbst. Die Aussagen unserer Mutter bleiben unwiderlegt und das lange Stillschweigen der Zeugen wird mit der angegebenen Furcht vor bösen Händeln nicht erwiesen, weil jährliche Ruggerichte*) abgehalten werden, da niemand übervorteilt wird. – Sonderlich die Reinboldin hat nicht, wie sie fälschlich angibt, über die Anzeichen der Hexenschaft ihrer Gegnerin so lange sie immer gekonnt, geschwiegen, sondern so lange, bis sie, von dem Sohne Christoph

*) Während im älteren germanischen Prozeß, auch in Strafsachen, die Regel galt: ‚Wo kein Kläger, da kein Richter‘, bürgerte sich etwa in der karolingischen Zeit ein Verfahren von Amts wegen ein, das Rügeverfahren vor den sogen. Rügegerichten. „Die Königsboten, in Italien auch die Grafen, konnten, wo die Zunahme bestimmter Verbrechen es erforderlich machte, eine größere Zahl bestbeleumundeter Männer als Rügegeschworene eidlich verpflichten, ihnen auf amtliche Frage (inquisitio) anzuzeigen (ahd. ruogen), was sie von solchen Freveln erfahren hatten. Es war allgemeine Untertanenpflicht, das Amt der Rügegeschworenen auf sich zu nehmen. – – Der von einem Rügezeugen zur Anzeige Gebrachte hatte sich je nach der Lage der Sache durch Ein-Eid oder mit Eideshelfern von dem Verdachte zu reinigen, wenn nicht auf die Bezichtigung hin der durch die Missetat Verletzte als Kläger auftrat und seine Überführung im Wege des ordentlichen Prozesses unternahm. In der zweiten Hälfte des IX. Jahrhunderts wurde das Rügever-

erzürnt, denselben bei der Mutter verklagte, er aber von dieser, als habe er der Reinboldin nichts Unwahrhaftes vorgeworfen, verteidigt wurde.

Daß die Reinboldin ordentliche Arzneien gesucht, mag die Keplerin nicht beschweren, sonderlich, weil auch erwiesen ist, daß sie gequacksalbert hat. Und dieses werden erfahrene Mediziner und Wundärzte nicht in Abrede nehmen können, daß ein unmoralischer Lebenswandel bisweilen solcherlei Krankheiten und darauf gehörige Quecksilber-Kuren verursache, welche zwanzig und mehr Jahre ihre Wirkungen hinterlassen. Zugeschweigen von den Mitteln, die ihr ein Liebhaber, der Apothekergeselle zu Anspach, ‚*allwo*' sie erzogen ist, zu gebrauchen gegeben hat. Es geht aus allem diesen hervor, *daß das Leiden der Reinboldin aus hexenmäßigen Ursachen im höchsten Grade ungewiß erscheint.* –

Die auf den bösen Ruf, womit die Keplerin, meistenteils von jungen Zeugen, sattsam beworfen ist, begründeten Indizien finden in der Beweisschrift hinlängliche Widerlegung.

Es muß auf Seite der Beklagten bekennet werden, daß durch das gehässige Aufmutzen des Segensprechens den bösen Absichten der Reinboldin und ihres Nachbars, des albernen Schneiders, tapfer auf die Füße geholfen worden ist, daß aber auch diese weibliche Einfalt im Nachlehren dieses Gebets um so weniger ein Recht zu Beantragung der Tortur herleiten kann, als dieses ein, wenn auch nicht gebilligter, so doch landläufiger Weiberbrauch

---

fahren nach staatlichem Muster auch bei den Visitationsreisen der Bischöfe eingeführt und damit der Grund zu den mittelalterlichen Sendegerichten gelegt" (R. Schröder, Lehrbuch d. deutsch. Rechtsgeschichte, Leipzig 1902, S. 383/4). – Zu besonderer Entwicklung gelangte ferner das Rügeverfahren in den westfälischen Femgerichten. – – Die Ruggerichte, von denen Kepler hier spricht, sind am ehesten mit unseren heutigen Schwurgerichten zu vergleichen, wie ja auch die meisten Rechtshistoriker von Rügegeschworenen reden. S. auch R. Schröder a. a. O. S. 383, Anm. 132. – Brunner, Grundzüge der deutschen Rechtsgeschichte, Leipzig 1903, S. 165/67. – Siegel, Das pflichtmäßige Rügen auf den Jahrdingen, in den ‚Sitzungsberichten der Wiener Akademie der Wissenschaften', Jahrg. 1891, S. 125 ff. (Anmerkung des Herrn Professor Dr. Ludwig Günther in Gießen.)

ist, mit welchem das ganz ehrwürdige Ministerium so viele Jahre noch stetig zu tun hat; ja, als dergleichen Segen selbst in dem hochgeschätzten und geheim gehaltenen württembergischen ‚Deutschen Arzeneibuch' des Leibarztes Herzog *Ludwigs, Dr. Oswald Gabelkofers* vorkommen. *Der Segen ist ein Gebet, item keine unrechten Worte und darum wird das Segensprechen als verantwortlich bestritten. Sonne und Sonnenlicht sind poetische Phrasen; kein teuflischer Ausdruck, sondern der Name Gottes wird gebraucht; keine Anrufung der stummen Kreatur, sondern der heiligen Dreifaltigkeit wird ausgedrückt.* Das wird dem Herrn Richter genügen, um allen Argwohn wegen irgendeiner Gefahr eines Teufelswerks auszuschließen. –

Nicht geringen Vorteil hat die Reinboldin auch mit Ausnutzung und Verdrehung der Reden der Keplerin gegen Bastian Meyers Töchterlein zu Ausbringung eines bösen Rufes errungen. Denn so jemand sich hat bereden lassen, die Keplerin habe dergleichen unholdenmäßige Sachen wirklich zu einem jungen Mädchen gesagt, so hat er nicht anders denken können, als daß die Mutter eine richtige Hexe sei.

Man kann auch leichtlich erachten, daß eben diese ungegründete Zulage die Fürstl. Kanzlei meist für den Kopf gestoßen und zur Gefangennahme Anlaß gegeben, welches aber den obbestrittenen Praktiken der Reinboldin zuzuschreiben ist. Aber wenn die Aussagen der Zeugen nach dem Fürstl. Befehl zuvor ordentlich ventiliert worden wären, so würde sich die offenbare Unschuld der so ungerecht Verleumdeten herausgestellt und das unselige Gespräch von dem kleinen Feuer, das schon so wehe tue, zu den jetzigen traurigen Irrungen und Verdrehungen nicht geführt haben. Die Keplerin hat in ihrer Unschuld und Unwissenheit, wie sie ja auch des Lesens und Schreibens unerfahren ist, nicht gelernt, ihren Worten eine vorsichtigere Form zu geben, und es fehlt ihr in ihrem hohen Alter die Fähigkeit und das Nachdenken, sich deutlich auszudrücken. Das wolle der Richter wohl in Berücksichtigung ziehen. Damit nun auch mit diesen Entgegnungen zum Schluß gegriffen werde, so gibt peinlich Beklagte dem Richter zu beherzigen: Wenn allwegen bei so mangelhafter Beschaffenheit der Indizien allein um deren gehäufter Anzahl willen die peinliche

Frage stattfinden solle, wenn die Behauptung, in verborgenen Dingen seien auch unvollkommene Beweise hinreichend, diesen Mangel ersetzen könne, wenn der Richter die Beschuldigung für so erschrecklich ansehe; wie viel erschrecklicher sei es, mit einer solchen Beschuldigung eine Unschuldige zu gefährden und auf unbesonnenem Geratewohl in Leib- und Lebensgefahr zu bringen? Wenn wegen der Abscheulichkeit der Hexerei diejenigen Rechtsregeln und Meinungen der Doktoren, welche sich auf offenkundige, natürliche Verbrechen beziehen auch auf gar gemeine, vermutlich natürliche und also ihres Ursprungs halber ungewisse Dinge bezogen werden können, item, wenn das, was von ‚testibus illegitimis‘ gesagt wird, auch auf alle andere ganz verwerfliche, also gar nicht konditionierte Zeugen ausgedehnt werden darf, wenn leichte Argwöhne bei Gott beleidigenden Verbrechen genugsam und zur Folter gültig sind, unangesehen der Richter nicht versichert, ob nicht ein Unschuldiger auf bloße Injurien peinlich befragt wird, wenn die Willkür des Richters bei verborgenen Dingen, selbst wo bloße Vermutung vorhanden, welchem standhafter Widerspruch entgegengesetzt worden, so ungemessen sein kann, daß er auch nicht durch Kaisers Carl Peinliche Halsgerichts-Ordnung gebunden ist: So kann man auf Seiten der Beklagten nicht einsehen, welche alte verwittibte und verlebte Matrone, die von irgendeinem verwegenen, ruchlosen Todfeind irgendwelcher Ursachen wegen angefochten wird, aller Unschuld ungeachtet, der peinlichen Fragen entgehen kann. Derohalben wird der gottesfürchtige Richter demütiglich erinnert und ersucht, zu erwägen, ob nicht des Herrn Anwalts Gesetzzitat aus Zanger mit der vermessenen Aufforderung zur Rache allen Grausamkeiten die Tür öffne.

Des Bodini und anderer seinesgleichen Skribenten vorgeschriebenen geschwinden Prozeß läßt man sich nicht irren, ‚angesehen‘ in diesem hochlöblichen Herzogtum eine andere Praxis gilt, und vielfältige Erfahrung lehrt, wie gefährlich es ist, auf dergleichen weitgesuchte, von unverständigen, abergläubischen Leuten vorgebrachte Kundschaft hin einen zum Ebenbild Gottes erschaffenen Menschen wegen verborgener Verbrechen, darinnen auch die Verständigsten leichtlich irren können, mit der Tortur anzugreifen und grimmig zu zerreißen. –

Betreffend das Alter der Keplerin, so macht sie darüber folgende beglaubigte Angaben: Zu Anfang des Streites anno 1615 war sie 68 Jahre alt, bei dem ersten Zeugenverhör 71, bei dem zweiten 72, jetzt aber auf Martini wird sie das 74. Jahr zurückgelegt haben.

So stellt die Beklagte denn ihre Sache mit gutem Gewissen zur richterlichen Entscheidung, sollte sie, trotzdem nunmehr ein ganzes Jahr unter der schmerzlichen Verhaftung zu Ende gegangen, weiter in Knechtschaft gehalten werden, so wäre solche Grausamkeit mit blutigen Zähren zu beweinen. Sie bittet den Herrn Richter zu erkennen, was sie begehrt und eine solche Sentenz zu erteilen, durch welche sie wieder zu ihrem, durch langwierige Gefangenschaft bei Freunden und Feinden je länger je mehr geschwächten guten Namen gelangen möge.

In Erwägung dessen submittiert sich unschuldige und hochbetagte peinlich Beklagte im Namen Gottes des Allmächtigen hiermit und will auch das mildrichterliche Amt um Erteilung Rechtens und der Gerechtigkeit höchsten Fleißes angerufen haben. –

Diese furchtlose Verteidigungsschrift, welche um so mehr zu bewundern ist, als Kepler sie gewissermaßen aus dem Stegreif und in der kurzen Zeit von zwei Tagen niederschrieb, konnte begreiflicherweise den Beifall des Fürstl. Anwalts und seiner Hintermänner nicht finden. Aulber urteilte wegwerfend über dieselbe: Sie enthalte nur Wiederholungen alter Ausflüchte und Winkelzüge, darauf berechnet, den Richter in seiner Meinung irrezumachen. Verständigerweise war der Oberrat anderer Ansicht und überließ die Entscheidung nicht der Beschränktheit eines Aulber und der Beurteilung und dem Hasse eines Einhorn. Es erging der gemessene Befehl, ein Gutachten von der Juristenfakultät einzuholen, und so wanderten denn alle diese Akten nach Tübingen.

Schon am 10. September erfolgte von dort:

Das rechtliche Bedenken und Urteil.

Nachdem uns vor wenig Tagen weitläufige Gerichtsakten in peinlicher Rechtfertigung zwischen des Durchlauchtigen Hochgeborenen Fürsten und Herrn, Herrn Johann Friedrich, Herzog zu Württemberg und Teck usw. Anwalts, Klägers eines, sodann Katharine Keplerin von Leonberg, Beklagten andernteils um unser rechtmäßig Bedenken, welchermaßen hierunter im Punkte der Tortur zu urteilen sein möge, überschafft worden, haben wir solche Akten zu Beförderung heilsamer Justitien nicht allein willfährig angenommen, sondern inmittelst auch collegialiter abgelesen und gebührendermaßen erwogen.

Nun hat zwar Fürstl. Anwalt wider die Verhaftete und Beklagte allerhand beschwerliche Indizien ausgesprochen und hergeleitet, darum er vermeint, es soll die begehrte Tortur erkannt und vollstreckt werden. Es sind aber selbige teils nicht genugsam zu Recht, teils mit einzigen Zeugen oder sonsten nicht nach Gebühr erwiesen, und ist die Beklagte ihres Alters über siebenzig Jahr. Derowegen und weil die Rechte vermögen, daß zur wirklichen peinlichen Frage die Hinlänglichkeit der Indizien vonnöten und jedes zum wenigsten mit zweien tauglichen Zeugen zu probieren, auch dergleichen und in so hohem Alter stehende Personen in der Tat nicht torquiert werden sollen, so wird eine wirkliche Tortur in diesem Falle keineswegs statthaben.

Ob dann wohl Beklagte auch wider die übrigen Indizien und deren Beweisung Einwendungen macht und dafür halten will, sie sei allerdings zu absolvieren und ledig zu sprechen, ‚angesehen' jedoch ihre eingebrachten Ausflüchte zum Teil unerheblich, zum Teil aber unerwiesen sind, also, daß sie nicht schlechthin, sonderlich aus zutreffenden Indizien noch graviert verbleibt, so würde es gegen die Ordnung und unverantwortlich sein, wenn einfache Freisprechung erfolgen sollte.

Wir sind dem allen nach und nach Abwägung alles Abzuwägenden der Meinung, das von Rechts wegen unten geschriebene Urteil in dieser Sache zu erteilen. Es soll aber nur dergestalt vollstreckt werden, als die Verhaftete, damit die Wahrheit aus ihr herausgeschreckt werden möchte, an den gewöhnlichen und zur Tortur bestimmten Ort geführt werde, ihr auch allda der Nachrichter vor Augen gestellt, dessen Instrumente vorgezeigt und damit ernstlich gedroht, jedoch sie von demselben nicht angegriffen, viel weniger angefesselt oder aufgezogen noch sonsten gemartert werden soll.

Kurz und bündig lautete:

Das Urteil.

In peinlicher Rechtfertigung usw. ... ist auf alles gerichtlich Für- und Einbringen nach getanem Rechtssatz, genommenem Bedacht und gehabtem Rat im Punkte der Tortur mit Urteil zu Recht erkannt, daß Beklagte zur Erlernung gründlicher Wahrheit peinlich gefragt werden soll.

Wollten wir Euch dann, wie auch in anderem Weg angenehme Freundschaft zu erzeigen bereitwillig, neben Wiedersendung aller empfangenen Akten zur Nachrichtung nicht verhalten, göttlicher Allmacht uns damit allerseits treulich empfehlend. –

Gegeben in unserem Collegio, den 10. Sept. anno 1621.

IV. Abschnitt.

Die Vollziehung des Urteils.

– – Vernunft wird Unsinn, Wohltat Plage. – –

Der 28. September war zur Vollstreckung des Urteils bestimmt. Außer Aulber und Einhorn nahmen an diesem peinlichen Rechtstag, der im Torstübchen zu Güglingen stattfand, als Beisitzer teil: Hans Stenglin, Jakob Schönberger und Samuel Epplin, als Schreiber Werner Feücht. *Aulber* und *Einhorn* konnten es sich nicht versagen, die arme Frau ihre Rache und ihren Haß noch ein letztes Mal fühlen zu lassen und sie in ihrer ohnmächtigen Wut aufs äußerste zu quälen.

Trotz des gemessenen Befehls des Fürsten unterstanden sie sich, eine Art Gerichtskomödie in Szene zu setzen: Von zwei Hellebardieren wurde die Keplerin aus ihrem Gefängnis vor ihre Peiniger geführt.

‚Katharine Keplerin,' hub Aulber mit rauher Stimme an, ‚Ihr seid angeklagt, einen Bund mit dem Teufel geschlossen zu haben, mit dessen Hilfe Ihr Menschen und Vieh verhext und gar getötet habt. Ihr seid ferner angeklagt, die Schülerin einer argen Hexe, der Renate Streicherin, zu sein. Gebt Gott die Ehre und redet vor diesem versammelten Gericht die Wahrheit.' –

Mit klarer, ruhiger Stimme antwortete die Keplerin: „Ich habe nichts zu bekennen. Ich verstehe von Hexerei und Zauberkunst nichts, obgleich ich leider meine verlassene Kindheit im Hause der bösen und verbrecherischen Streicherin verleben mußte. –'

‚Hört ihr's wohl, ihr Herren,' schrie Aulber, ‚sie ist geständig, die Schülerin einer Hexe gewesen zu sein; protokolliert das, Herr Stadtschreiber.' Unbeirrt fuhr Katharine fort: „Wenn es hinreicht, mich zu verdammen, daß ich meine trostlose Kindheit im Hause jenes schrecklichen Weibes zubringen mußte, so bin ich schon verdammt, obgleich ich mein Leben lang einen rechtschaffenen Wandel geführt, Gott und den Erlöser im Herzen getragen und mir keine anderen Sünden vorzuwerfen habe, als die aus der allgemeinen Schwäche des Menschengeschlechts stammen, und zu deren Vergebung ich auf das Blut meines Heilandes rechne."

‚Schweigt, böses, hinterlistiges, abscheuliches Weib,' donnerte der Richter, ‚beleidigt mit Euren sanften Mienen und mit Eurer Anrufung des Heilandes nicht Gott und ein preisliches Gericht. Gehet in Euch, bekennt die Menge Eurer schwarzen Sünden, damit Ihr im Tode Buße tun und Euren Schöpfer versöhnen könnt.' –

Doch Katharine blieb standhaft. Sie rief Gott zum Zeugen ihrer Unschuld an und sprach die Hoffnung aus, daß ihr Sohn *Johannes* sie von der Schmach des Scheiterhaufens erreten werde. ‚Schon um dieses Sohnes willen bist du der unerlaubten Zauberkünste höchst verdächtig,' schrie Aulber, außer sich vor Wut, ‚weil dessen Gelehrsamkeit sich sehr zur Zauberei hinneigt. Ein Sohn, der sich der Zucht der heiligen Kirche nie fügen wollte, der durch unchristliche Bücher und astrologische Prophezeiungen sich gegen Gott versündigt, wird dir nicht die Gnade des Höchsten verschaffen können! – Man wird anders mit Euch reden, Katharinchen,' fuhr er mit gleißnerischer Miene fort, als die geängstigte Frau mit schmerzlichem Lächeln und gefalteten Händen den Richter anblickte, ‚besinnet Euch, ob Ihr in Güte gestehen, oder ob man zu den Mitteln greifen soll, die dem Gerichte zu Gebote stehen, den verstockten Mund des Verbrechers zu öffnen!' – „Meines Sohnes Wissenschaft und guter Verstand sind Gottes Gaben, und ich baue fest auf ihn; diese Versicherung wird mein letztes Wort sein, wenn ich meine Seele Gott unter Folterqualen wiedergeben muß." – –

Diese demütigenden Worte der Keplerin wurden überschrien von der schrillen Stimme des Richters: ‚Nun denn,' rief er im höchsten Paroxismus, ‚so werde sie gefoltert, führt die Hexe in die Folterkammer!' –

Wieder wurde sie von den rohen Händen der Schergen gepackt und an den Ort der Qual geschleppt. Ohne zu zittern und zu wanken stand die alte Frau, von ihrer Willenskraft und ihren festen Vorsätzen aufrechterhalten, vor der Tür des fürchterlichen Gelasses, um das alle Schrecken schwebten, welche die menschliche Grausamkeit zu erfinden fähig gewesen, und überschritt die unheimliche Schwelle mit festem Fuße.

Es war ein gewölbter, in der Mitte durch einen starken Pfeiler unterstützter Kellerraum, der von mehreren an den Wänden befestigten Kienfackeln nur unvollkommen erleuchtet wurde. Der schwarze Qualm derselben zog sich wie ein wehender Schleier um die dunkle Steinwölbung der Decke, und hin und wieder strahlte das rote Licht von irgendeinem glänzenden Metallgeräte wider, dessen Zeck und Bestimmung das getrübte Auge kaum erkannte, die Phantasie nur schaudernd ahnte. –

Winden, Leitern, Streckböcke, Stachelstühle, Gewichte, Hämmer und andere zum Teil ganz raffiniert ersonnene Marterwerkzeuge, deren Namen und Gebrauch nur die sterbende Verzweiflung kennenlernte, standen auf den Steinfliesen oder hingen an den gekalkten Wänden umher. Im Hintergrunde, in der Nähe einer kleinen mit Eisen beschlagenen Tür, stand auf einer Art Podest der Tisch für die amtierenden Hexenrichter; zu beiden Seiten zwei vergitterte Verschläge, worin höhere Gerichtspersonen, die der Exekution ungesehen beiwohnen wollten, ein Versteck fanden. Neben einem dieser stand ein großer bequemer Stuhl mit Arm und Rückenlehne.

Kaum war Katharine hereingeführt, als durch die kleine Tür im Hintergrund die Richter eintraten und an dem Tische Platz nahmen. Den Armstuhl belegte, ihn mit seiner vollen Gestalt ganz ausfüllend, der Dekan Buck. Dabei nahm sein Gesicht jene wehmütigen Züge an, womit er als Gottesmann diese Handlung glaubte verfolgen zu müssen, und seine fleischigen Hände schlossen sich wie im Gebet zusammen. Ein junger Mann mit rotem Haar und einem blassen, spitzen Gesicht folgte den Richtern und stellte sich mit übereinander geschlagenen Armen, die dunklen scharfen Augen fest auf Katharine gerichtet, ihr gegenüber. Es war der Leibbarbier Urban Kräutlein, zu dessen Amtsgeschäften es gehörte, bei allen Folterungen im Leonberger Bezirk als Wundarzt gegenwärtig zu sein. Katharine kannte ihn wohl, von dem hatte sie kein Erbarmen zu erwarten! Der Henker und sein Gehilfe hielten sich im Hintergrunde, mit unnützem aber wohl berechnetem Klappern und Klirren die Aufmerksamkeit auf ihre unheimlichen Werkzeuge lenkend.

Alles war wie zu einer wirklichen Folterung hergerichtet. Einhorn hatte seinen letzten Trumpf ausgespielt.

Katharine sah dies alles. Ihre schwachen Augen bekamen die Kraft, jedes Detail des schaurigen Bildes, das sie umgab, bis ins kleinste in sich aufzunehmen. Frost und Glut rannen ihr durch den Körper, aber in ihrem Herzen lebte der Mut, und die Kraft ihres Wollens steigerte sich, je näher die Stunde der Entscheidung rückte.

Jetzt begann der Hexenrichter, sich erhebend und die vor ihm stehende Sanduhr umwendend, zu sprechen, und seine schnarrende Stimme tönte unheimlich an den fahlen Wänden wieder: ‚Inkulpatin, der Folterung verfallen, ich ermahne dich noch ein letztes Mal, gib Gott die Ehre und befreie dich selbst durch ein freies Bekenntnis der Wahrheit von den dir drohenden großen Schmerzen und dem Tode.‘

„Ich habe die Wahrheit gesprochen,“ antwortete standhaft die Keplerin.

‚Ist das dein letztes Wort hier, Katharine Keplerin?‘

„Mein letztes hier und überall, Gott möge mir beistehen.“ –

Auf einen mit teuflischer Grimasse begleiteten Wink Aulbers und unter Gebetmurmeln des Dekans trat der Meister Jakob vor, und zerrte die Keplerin bis dicht vor den Richtertisch. Roh und rücksichtslos fuhr er ihr in die Taschen und unter die Kleider, um ihr alles, was von einem höllischen Buhlen ihr etwa als Talisman gegen die Wirkung der peinlichen Frage zugesteckt sein könnte, zuvor abzunehmen. Dann führte er sie vor eine mit spitzen Nägeln gespickte kastenartige Bretterwand, ergriff eine Peitsche, deren Riemen an der Spitze mit Bleikugeln versehen waren und erklärte der zitternden Frau mit eintöniger Stimme: ‚Das ist die bambergische Tortur; mit dieser Peitsche wird der Rücken der Malefikantin beglückt, ein Ausweichen treibt sie unbarmherzig in die stacheligen Arme. Diese eingekerbten, mit stumpfen Spitzen versehenen Schraubstöcke sind die Blutegel der Daumen, sie erhöhen die Schmerzen der Peitschenhiebe.‘ Und weiter stieß er sie zum mecklenburgischen Instrument: ‚Hier werden die Arme mit härenen Schnüren zusammengezogen, die Beine in spanische Stiefel gebracht und gepreßt.' Wieder wurde sie weiter gezerrt und ihr mitleidlos die Schrecken des Zuges in den grellsten Farben geschildert: ‚Hier wird die Malefikantin mit auf den Rücken gebundenen Händen mittels eines an diese geknüpften Seiles in die Höhe gezogen, bis die Füße den Boden verlieren und die Arme verdreht über dem Kopfe stehen.' –

So ging es die Reihe durch: Mit Entsetzen sah die leise bebende Frau die ‚Streckleiter' mit dem ‚gespickten Hasen', die ‚pommersche Mütze' zum Zusammenpressen des Kopfes, den mit Stacheln versehenen ‚Halskragen', den mit scharfen Spitzen besetzten ‚Folterstuhl' und noch viele andere Werkzeuge der Tortur, sinnreich erfunden, um jedem Nerv des Gemarterten besondere Schmerzen zu machen und jede denkbare Pein bis zum alleräußersten Grade zu erhöhen.

‚Antworte jetzt, vermaledeite Hexe, und bewahre deinen Leib vor der Tortur und deine Seele vor der Lüge,' donnerte der Richter nun nochmals.

Da brach die Kraft der Verzweiflung bei Katharine aus, mit blitzenden Augen riß sie sich aus den Klauen des Henkers los, und im Vorbeihasten einen verachtenden Blick auf den jetzt laut betenden Dekan werfend, trat sie dicht vor Aulber hin. Mit fliegendem Atem sprach sie:

‚Man mache mit mir, was man wolle, und wenn man mir auch eine Ader nach der anderen aus dem Leibe herausziehen sollte, so wüßte ich doch nichts zu bekennen, lieber will ich sterben. Wäre ich eine Unholdin, so würde ich solches längst bekannt und nicht solange geschwiegen haben. Gott, dem ich alles empfehle, wird die Wahrheit an den Tag geben und nach meinem Tode offenbaren, daß mir Unrecht und Gewalt geschehen; denn ich weiß, er wird seinen heiligen Geist nicht von mir nehmen, sondern mein Beistand sein und bleiben. Ich habe weder der Glaserin, dem Schulmeister noch sonst jemandem einen Schaden zugefügt, und wenn ich gleich aus Marter und Pein etwas bekennen sollte, so wäre es nicht die Wahrheit, sondern eine Lüge auf mich selbst. Wer von euch, die ihr hier zu unseligem, traurigem Tun zusammen seid, will mir raten, auf mich selbst zu lügen, oder die große Sünde auf sich nehmen, mich zur Unwahrheit zu zwingen? Versündigt euch nicht an mir, wie ihr es schon zu Leonberg getan habt; ich bin dessen gewiß, Gott wird die Zeugen noch strafen, die mich in dieses Elend gebracht haben.‘

Dann fiel sie auf die Knie, betete das Vater-Unser und rief Gott an, daß er ein Zeichen an ihr tun solle, wenn sie eine Unholdin sei und mit Hexenwerk zu schaffen gehabt hätte. –

Erschöpft von den ausgestandenen Seelenschmerzen sank sie, zu nicht geringem Schrecken ihrer Peiniger, ohnmächtig zu den Füßen des Richtertisches nieder. Sie überhob dadurch das würdige Kollegium dem beschämenden Eingeständnis ihres frivolen Spieles. Behutsam, unter dem bewaffneten Schutze zweier Hellebardiere, trug man sie hinaus, damit sie nicht dem Schicksal gefürchteter Hexen verfallen möchte, nach bestandener Reinigung durch die Tortur von dem draußen wartenden, aufgeregten Pöbel gesteinigt zu werden*).

In den starken Armen des Sohnes fand die Mutter sich wieder. Johannes erzählte ihr, wie er vergebens versucht habe, sie in ihrem Gefängnis zu besuchen, um ihr das gerechte Urteil des Oberrats mitzuteilen. Nun, wo sie auch die letzte Qual fest in dem Glauben an ihren Gott und ihrer Unschuld überstanden habe, hoffe er sicher, ihre baldige Befreiung durch die Gnade des Fürsten zu bewirken. Und seine Hoffnung erfüllte sich.

Auf den Bericht von der Wirkung der Schreckung erfolgte am 3. Oktober der Bescheid: Die Keplerin sei, da sie ohne zu wissen, daß die wirkliche Folterung nur eine leere Drohung gewesen und sie sich durch die Schreckung von den eingebrachten Indizien gereinigt habe, nunmehr von der angestellten Klage zu absolvieren, und wenn die Ihrigen die ihnen anteilig zugewiesenen Kosten erlegt oder deswegen genugsam Sicherheit geleistet haben würden, zu entlassen. In einem eigens zur Rechtfertigung der Keplerin am 4. November 1621 angesetzten Rechtstag wurde dieses Schlußurteil verkündet und die Freilassung der armen Frau verfügt.

So endete dieser langwierige Prozeß, durch welchen, trotz des schließlich für sie günstigen Ausganges, das grausamste aller

*) Wie uns die Akten mancher Hexenprozesse berichten, war eine solche Steinigung nichts seltenes zu damaliger Zeit.

Vorurteile die Keplerische Familie mit einem Flecken belegte, den der Sieg der Vernunft erst nach dem Tode aller damaligen Glieder derselben auslöschte. Johannes konnte, nachdem er seine Mutter durch seine wackere, unerschrockene Verteidigung vor dem Schlimmsten bewahrt, mit dem Gefühl, seine Sohnespflicht gewissenhaft erfüllt zu haben, zu seiner Familie zurückkehren. Mit einem Bestätigungsschreiben des Oberrats, daß er wegen einer schweren Rechtfertigung seiner Mutter über ein Jahr in Württemberg habe verweilen müssen, versehen, eilte er nach Regensburg zu seinen in Not harrenden Lieben und mit ihnen nach Linz, um seine unterbrochenen wissenschaftlichen Arbeiten wieder aufzunehmen. Es war der letzte Liebesdienst, den er seiner alten Mutter erweisen konnte. –

Aus der Regelung der für damalige Zeit nicht unbedeutenden Prozeßkosten entspann sich noch ein unschönes Nachspiel.

Diese Unkosten waren vom Oberrat auf 120 Gulden festgesetzt und befohlen, sie in folgender Weise einzufordern: Von Jakob Reinbold, als den Verursacher der Gefangennahme, 10 Gulden; von Christoph Kepler, weil er angetragen, daß die Verhaftete von Leonberg nach Güglingen möchte überführt werden, 30 Gulden; von dem Amt Leonberg 40 Gulden und von Einhorn auch 40 Gulden. Die Keplerin wurde von Kosten freigestellt, weil Johannes die durch eine Inventuraufnahme bestätigte Angabe machte, daß seine Mutter nicht einen Heller Werts Vermögen besitze, auf das er nicht alle Ansprüche habe.

Alle flehten um Nachlaß wegen der schweren Zeiten und reklamierten zum Teil mit gegen die Keplerische Familie sehr gehässigen Ausdrücken. Das Leonberger Amt besonders sprach seine höchste Befremdung und untertänigste Verwunderung darüber aus, daß es eine so hochgravierte und in Stadt und Land verschriene Person aus dem Malefizrecht lösen und 40 Gulden bezahlen sollte, was den Amtszugehörigen und ihren Nachfolgern in ewigen Zeiten zu unerträglichem Hohn und Spott gereichen würde. Sie drohten mit gewiß erfolgendem Totschlag, wenn dieser Person noch länger der Aufenthalt in Leonberg gestattet werde. Der Oberrat beharrte zwar auf seiner Verfügung, ohne jedoch diese, weil gegen ein gefälltes fürstliches Urteil gerichtete, doppelt unschickliche Sprache im geringsten zu ahnden. Reinbold, welcher sich sträubte, zu zahlen, wurde solange in den Turm gesteckt, bis er seinen Verpflichtungen nachkam. Einhorn blieb, trotz wiederholter Mahnung, mit seinem Anteil in Rückstand. Die Sache drohte aufs neue in einen förmlichen Injurien- und Kostenprozeß auszuarten, die Einleitungen dazu waren schon getroffen, als am 13. April 1622 der Tod die arme, 75jährige Dulderin erlöste und auch diesem Streite ein Ende bereitete.

Nach dem Tode der Keplerin wurde ihr Vermögen inventarisiert, es betrug an barem Gelde 777 Gulden 46 Kreuzer. Da diese Summe nicht ausreichte, die Kosten, die Johannes bei dem langen Prozeß aufgewandt hatte und die nach einer eignen, bei den Akten befindlichen, ausführlichen Aufmachung ca. 900 Gulden betrugen, zu begleichen, so wurden ihm für seine Forderungen Grundstücke angewiesen, an welchen er, wegen der damaligen schlechten Münzen, viel verlor. Der Zinngießer Christoph hatte zugunsten seiner Kinder verzichtet, und nach Abfindung der beiden Waisen des Heinrich Kepler, Anna Maria und Anna, welche Johannes leistete, wurde die Tochter Margarete auf den Hauskaufschilling verwiesen und dem Vogt zu Leonberg aufgegeben, den Schuldbrief einzuräumen. Allein Einhorn zog an demselben 40 Gulden ab und bezahlte damit den ihm zugeschiedenen Anteil an den Malefizkosten. So kühlte dieser Ehrenmann noch an den Kindern seiner Feindin seine Rache!

Auf eine Beschwerde des Ehemanns, Pastor Binders, erwiderte der Oberrat, er solle sich damit begnügen lassen, daß es mit der Sache ihrer Mutter einen so ‚leidentlichen Ausgang' genommen habe.

V. Abschnitt.

Folgen des Prozesses.

– – Das Alte stürzt. – –

Werfen wir nun einen vorurteilsfreien Blick zurück auf diese Tragödie des Aberglaubens, worin Haß und Fanatismus die traurigen Hauptrollen spielen, so können wir uns der Einsicht nicht erwehren, daß die Zeitverhältnisse und der Zeitglaube manches in einem milderen Lichte erscheinen lassen. Der Zauberglaube war allen heilig, wie der Kirchenglaube. Es ist auch sonst noch im Rahmen der Weltgeschichte eine allgemeine Beobachtung, daß Männer, die in anderen Dingen mit Einsicht urteilen, Torheiten huldigen, sobald solche mit ihren Religionsideen verknüpft sind. Und darin liegt für uns ein Trost, indem wir die Sicherheit haben, daß, nachdem die christliche Religion von fremden Zusätzen gereinigt ist, törichte und schädliche Meinungen nicht mehr Wurzel schlagen können.

Was die Aufgeklärtesten in der damaligen Zeit von der Zauberei hielten, oder besser gesagt, halten mußten, sehen wir an *Johannes Kepler* selbst: Dieser hellsehende und freimütige Mann, der so viele Irrtümer, die er antraf, mutig angriff und zerstörte und auch hier die Grausamkeit und Unvernunft des Verfahrens gegen Zauberei ohne Rückhalt mit den stärksten Farben schilderte, greift den Zauberglauben selbst nicht im mindesten an, ja, er erkennt die Existenz der Hexen und der übernatürlichen Krankheiten ausdrücklich an, obgleich er wohl fühlen mochte, daß hierdurch die Stärke der Verteidigung verloren ging. Aus demselben Gesichtspunkte ist auch der Oberrat zu beurteilen: seine uns heute barbarisch erscheinenden Aussprüche und Taten waren nur der

Ansicht der Zeit gemäß, und das Urteil war das gelindeste, das er aussprechen konnte.

Aber auch etwas Gutes hatte der traurige Prozeß im Gefolge: Die freimütige Schilderung der verzweifelten Lage derer, welche das Unglück hatten, in den Verdacht der Zauberei zu geraten, sowie die schonungslose Aufdeckung der Schäden der damaligen Gerichtsbarkeit, wodurch der Verurteilung Unschuldiger Tür und Tor geöffnet und über viele Familien Not und unsägliche Leiden gebracht ward, durch einen so geachteten und gelehrten Mann, wie Kepler, mußten einen tiefen Eindruck machen, der warnend und aufklärend fortwirkte. Schon in demselben Jahre, in welchem der unselige Prozeß zu Ende geführt war, erschien ein ‚Ausschreiben an alle Amtleute, auch Stabhalter und Richter an denjenigen Orten im Herzogtum, da Malefizgericht gehalten wird.' ‚Demnach uns bedünken will', so beginnt das Edikt, ‚daß unsere Amtsleute, nicht weniger die Stabhalter und Blutrichter, Fehler und Mängel begangen, auch die Prozesse des öfteren sich lange Zeit verzogen, so haben wir es für nötig erachtet, damit hierinnen der Sachen weder zu viel noch zu wenig und niemandem Unrecht, daneben aber auch der lieben Justiz ein Genüge geschehe, die kurze Anleitung zu geben, und ist unser Wille, daß derselben allweg nachgelebt werden soll.'

Und nun folgen in 13 Kapiteln ‚welcher Gestalt gegen den Malefikanten mit der Gefangennahme und Beifahrung, item mit der Examination, nicht weniger im Punkte der Tortur, sowie mit der Untersuchung und der Vollziehung des Urteils verfahren werden soll'. Es ist in den Artikeln vor allem darauf Bedacht genommen, daß eine willkürliche Verschleppung der Verhandlungen künftig vermieden und daß ohne Vorwissen und Befehl des Oberrats gegen niemand in peinlichen Sachen vorgegangen werde. Ganz besonders sind im Punkte der Tortur wesentlich mildere und menschlichere Vorschriften gegeben.

Dieses Edikt wurde im Jahre 1656 durch den Herzog Eberhard von Württemberg erneuert resp. erweitert: ‚Da wir mit besonderem ungnädigen Mißfallen erfahren müssen, wie die bisher bestehenden wohlverfaßten Ordnungen an einem oder dem andern Ort schlecht gehalten sind und wie unseren gegebenen ernsthaften Vermahnungen und Befehlen nachgekommen wird, indem die Kriminal-Prozesse gar schlecht gefördert, die Verhafteten in langwieriger Gefangenschaft unnötigerweise aufgehalten, die Kosten auf einen großen Betrag getrieben und dadurch von allen Seiten merkliche Ungelegenheiten und Beschwerden verursacht werden, so ist zu solchem Ende an alle und jede Stabhalter und Richter, Kommissarien, Konsolenten und Advokaten hiermit unser ganz ernsthafter Befehl ... usw.,‘ folgt die Erneuerung der Kapitel, worin noch besonders die Fehler, welche im Keplerischen Prozeß begangen wurden, gerügt werden.

Man sieht aus diesen denkwürdigen Dokumenten, welchen Gang die Aufklärung über diesen Gegenstand nahm. Die humane Gesinnungsart, welche aus ihnen spricht, ist unzweifelhaft aus der Anerkenntnis der durch Johannes Kepler im Prozeß seiner Mutter aufgedeckten Mißstände und Schäden hervorgeblüht. Man darf daher dem großen Gelehrten und edlem Manne neben den unschätzbaren Verdiensten, die er sich um die Naturwissenschaften, speziell die Astronomie erworben hat, auch das bisher *wenig oder gar nicht bekannte Verdienst zurechnen, zu denjenigen Wohltätern der Menschheit zu zählen, welche dazu beitrugen, dieselbe von einer ihrer größten Plagen, den Hexenprozessen, zu befreien.*

Und mit der Feststellung dieser versöhnenden Tat will ich das dunkle Kapitel aus dem Schuldbuch der Vergangenheit beschließen.

Anlagen.

I. Vogt zu Leonberg, wegen Heinrich Keplers Wittib, Hexerei verdächtig.

Durchlauchtiger, Hochgeborener Gnädiger Fürst und Herr! Es hat dieser Tage Jörg Hallers, eines armen Tagelöhners und Bürgers Weib allhie mir amtshalben Klage angebracht, es habe am vergangenen 18. hujus Heinrich Keplers Wittib ihr Töchterlein, ein Mägdlein von ungefähr zwölf Jahren, als dasselbige neben des Zieglers Tochter Ziegel und Kalksteine zum Brennofen tragen half, und damalen gemeldete Keplerin bei der Ziegelhütten vorübergegangen, auf einen Arm geschlagen, davon es gleich Schmerzen empfunden, welche auch stündlich zugenommen, daß sie weder Hand noch Finger mehr regen konnte; und ob auch die Klägerin die Wittib nicht öffentlich der Zauber- oder Hexerei beschuldigt, hat sie doch höchlich gebeten, dieselbe amtshalben ernstlich zu fragen, warum sie ihr Mägdlein an gedachtem Ort auf den Arm geschlagen. Weil ich nun sowohl das Mädchen, als auch den verletzten Arm und Hand vor Augen gesehen, habe ich die Keplerin in das Amtshaus gefordert und derselben diese Klage unter Augen sagen lassen. Die aber hat nichts eingestehen wollen, geleugnet und vielmehr die Klägerin vielfältig Lügen gestraft. Sie habe das Mädchen gar nicht angerührt, während dieses der Keplerin gegenüber doch beständig unter Augen vermelt, sie wäre schon an ihr vorüber gewesen, sich wiederum zurückgewandt und ihr das Leid angetan, was auch des Zieglers Mägdlein gesehen habe. Darauf ich solches alsbalden, und weil es nur 11 Jahr alt, auch seinen Vater und Mutter mit vorgeladen, die bezeugen, daß ihr Töchterchen gleich nach geschehener Geschicht zu ihnen in das Haus hinauf gelaufen und angezeigt, die Keplerin habe des Hallers Katharinle auf einen Arm geschlagen; darüber sie ihr Mädchen dessen zu geschweigen heißen, dabei auch weiter vermelt, daß des Hallers Mägdlein ein frommes Kind sei, das niemandem zu schlagen Ursache gebe.

Nun ist genannte Keplerin, die über die 70 Jahr alt und von welcher ihr Mann, der ihrer Angabe nach noch am Leben sein soll, vor 28 Jahren gezogen ist, der Hexerei halber schon etliche Jahre in großem Verdacht, auch ist sie eine gute Zeit ‚hero' mit Jakob Reinbolden, Glasern allhie, und seinem Weib in einer Rechtfertigung, indem gemeldeten Glasers Weib vorgibt und darauf zu sterben begehrt, daß vor viertehalb Jahren die Keplerin ihr einen solchen Trunk gegeben, davon sie seithero unmenschliche Schmerzen erlitten. In diesem Rechtsstreit war insofern verfahren, daß auf kommenden Montag der Ermittlungstag zur Verhörung der Zeugen angestellt gewesen, aber um obenberührter Ursachen willen wiederum abgeschaffen worden.

Derentwegen habe ich die Keplerin ganz ernstlich und mit Bedrohung des Gefängnisses, auch daß E. F. G. ich ihrentwegen untertänigst berichten wolle, examinieret; selbige wollte aber von nichts wissen, weshalb ich sie wieder abtreten ließ. Sie kam aber gleich darauf samt ihrem Sohne Christoph, so ein Kannengießer ist und einen guten Ruf hat, wieder zu mir, begehrend, ich solle ihren Gegnern keinen Glauben schenken. Indem ich nun ihrem Sohn erzählte, worauf die Sachen ihrenthalben beruhen, hat er mit großem Seufzen geantwortet: es möge Gott wollen, daß er von seiner Mutter wegen über Nacht mit seiner Armut aus der Stadt ziehen könnte, ich möge tun, was mir amtshalben gebühre, er müsse es Gott befehlen. Nach solchem kam gleich darauf die Keplerin zum drittenmal in das Amtshaus gelaufen, allein zu mir, von mit begehrend und mich auf das höchste bittend, E. F. G. sollte ich nichts über sie berichten, oder ein Zeitlang damit verziehen, sie wolle mir auch einen schönen, silbernen Becher (ohne Wissen ihrer Kinder und sonst jemanden) verehren.

Weil nun hieraus, meines untertänigen Erachtens, ihr eignes Bekenntnis, oder zum wenigsten ein böses Gewissen zu erkennen, als habe E. F. G. (besonders weil oberwähnten Jörg Hallers Buben gleichfalls von der Keplerin Schaden angetan worden und das Mägdlein an seinem Arm noch lahm ist und große Schmerzen leidet) den ganzen Verlauf ich untertänig berichten und ferners, was mit besagter Keplerin, welche gleich darauf zu ihrem Tochtermann, dem Pfarrer, gen Heumaden gangen, sich auch noch derzeit bei ihm aufhält, fürzunehmen, mir gehorsamst gnädigen Bescheid erholen wollen.

Datum den 22. Oktober anno 1616.

E. F. Gn.

Untertäniger Gehorsamer
Untervogt zu Leonberg
Lutherus Einhorn.

II. Probations-Artikel

der Klage des Jakob Reinbold,
im Namen seiner lieben Hausfrau Ursula,
contra
Katharine Keplerin.

Vor Euch, den Ehrenwerten, Fürsichtigen, Ehrsamen und Weisen, Herrn Vogt, Bürgermeister und Richtern, seinen insonders günstigen Herrn, erscheint Jakob Reinbold im Namen seiner lieben Hausfrauen Ursula und bringt wider Katharine Keplerin folgende Meinung an Eidesstatt klagweise vor mit der rechtlichen Bitte, selbige auf einen Artikel, insonderheit ohne einigen verbotenen Anhang*), durch das Wort ‚glaub wahr, oder nicht wahr sein', Antwort zu geben. Punkte die widersprochen werden sollten, erbietet er sich, zu beweisen.

1) Sagt wahr sein, wie wohl verboten, daß kein Mensch den andern an seinem Leib und Gesundheit verletzen und beschädigen solle,
2) sondern wahr, wenn dergleichen geschieht, der Schuldige allen Schaden und Kosten zu tragen verbunden ist,

---

*) d. h. kurz und bündig.

3) und wahr, daß die Keplerin solches mit Reinbolds Weib vorgenommen und ins Werk gesetzt hat.
4) Wahr, daß die Keplerin im Jahre 1613 Reinbolds Hausfrau zu sich in die Behausung forderte und derselben einen Trunk gegeben,
5) daß auf der Stelle die Ursula krank geworden,
6) und bis dato deswegen unaussprechliche Schmerzen hat ausstehen müssen.
7) Wahr, daß selbige allerhand ordentliche Mittel gebraucht, davon große Kosten gehabt, aber nichts helfen wollen.
8) Wahr, daß die Beklagte vor dem Herrn Vogt bekannte, der Reinboldin einen Trunk gegeben zu haben,
9) wahr, daß die Keplerin ausgesagt, daß sie das unrechte Kännlein erwischt,
10) wahr, daß die Ursula einen leiblichen Eid mit gutem Gewissen zu Gott ablegen könne, daß solcher Trunk ihre jetzige beschwerliche Krankheit verursacht habe, welches aber auch aus folgenden hexischen Untaten gründlich abzunehmen sei:
11) Wahr, daß die Keplerin bei ihrer Base (der Streicherin) zu Weil der Stadt (so eine Hexe gewesen und daselbst verbrannt wurde) aufgezogen worden ist.
12) Wahr, daß die leibliche Mutter der Keplerin (nachdem sie wieder nach Eltingen zu ihren Eltern gekommen) ausgesagt, sie wollte ihrer Tochter gern das Buhlenleben übersehen, wenn sie nur nicht das Werk der Unholdin zu Weil erlernt hätte.
13) Ferner wahr, daß der Keplerin eigner Sohn geklagt, seine Mutter führe nicht rechte Sachen, sie habe ein Kalb zu Tode geritten,
14) und daß eben dieser Heinrich vorgeschlagen, er wolle sie Hexerei halber bei der Obrigkeit verklagen.
15) Wahr, daß sie auch des Schützen-Bastians Töchterlein, Barbara, verführen und sie hat bereden wollen, das Hexenwerk zu betreiben, wie auch
16) wahr, daß sie gegen diesem gesagt, es gebe weder Hölle

noch Himmel, sondern, wenn einer stürbe, so sei es alles, wie mit dem unvernünftigen Vieh, aus.

17) Auch wahr, daß die Keplerin gesagt, wenn einer der Unholdin Werk treibe, so habe er gut Leben und Sach,

18) wenn die Unholden zusammenkommen, haben sie die hübschsten Buhlen, wie auch zu essen und zu trinken und eine solche Wollust, davon kein Mensch genug sagen und rühmen kann.

19) Wahr, daß Beklagte ihres verstorbenen Vaters Totenkopf begehrt.

20) Wahr, daß sie die Zieglerin allhier an einem Schenkel dermaßen verletzt, daß sie noch jetzt arbeitsunfähig ist.

21) Wahr, daß sie dem Schulmeister und auch einer anderen Person einen Trunk gegeben, daß der eine danach lahm, die andere gar gestorben ist.

22) Nicht weniger wahr, daß sie einem Barbiergesellen einen solchen Trunk zugestellt, wonach er sehr krank geworden.

23) Wahr, daß sie dem Hausbäcker ein zweijähriges Kalb angegriffen, daß es hat sterben müssen.

24) Nicht weniger wahr, daß sie auch dem Michael Stahl, Sattler allhier, um Mitternacht eine Kuh geritten, daß sie sich wie unsinnig und wütend gebärdet und getobt, so daß, wenn man ihr nicht gleich zu Hilfe gekommen und ihr eingegossen hätte, selbige die Nacht auch krepiert wäre.

25) Wahr, daß sie dem Metzger Stoffel Frick, da er unterm Rathaus Fleisch ausgehauen, also an einem Fuß beschädigt hat, daß er davon eine Zeitlang große Schmerzen hat ausstehen müssen, und

26) sie ihm auch wiederum geholfen.

27) Wahr, daß sie der Guldenmannin einen Sack voll Kraut geschickt, und als das Vieh dieses gefressen, es die Wände hat hinaufspringen wollen;

28) und es angefangen zu schlegeln, auch selbigem davon der Hals aufgelaufen.

29) Wahr, daß sie dem alten Ziegler Görge Bretzern zwei Schweine geritten, bis sie haben sterben müssen.

30) Wahr, daß sie Jörg Hallers Mägdlein den Arm beschädigt.
31) Wahr, daß Haller sie deswegen beim Herrn Vogt verklagt.
32) Wahr, daß sie hiergegen durchaus keine rechte, bestandhafte Entschuldigung, die das Ansehen einer Wahrheit hätte, hat anbringen können;
33) daß der Herr Vogt sich hat vernehmen lassen, er könne solche sträfliche Verhandlung nicht verschweigen, sondern müsse Eideshalber berichten.
34) Wahr, daß die Beklagte den Herrn Vogt aufs äußerste gebeten hat, solches zu unterlassen,
35) und daß sie ihm für sein Schweigen einen silbernen Becher versprochen;
36) ferner wahr, daß auch der Keplerin Kinder ihn zu verführen und von der Wahrheit abzuhalten sich unterstanden, aber
37) daß der Herr Vogt weder Geschenk noch Gabe annehmen wollte.
38) Wahr, daß hierauf die Keplerin stracks zum Obertor hinausgelaufen.
39) Wahr, daß beiden Vögten anbefohlen, die Keplerin, wo sie zu betreten, einzufangen.
40) Wahr, daß die Beklagte, als sie alles dies durch ihre Spione erfahren, gar außer dem Herzogtum und nach Österreich geflohen.
41) Und obwohl wahr, daß klagende Partei etliche Male bei Gericht angetragen, dahero die Ausgewiesene eine gerechte, gute Sache hätte, so solle sie sich in Person vor Gericht stellen und verantworten,
42) so auch wahr, daß sie sich niemals gestellt,
43) und daß dergleichen Ausflüchte, sonderlich das Ausreißen ein starker Beweis ihrer Schuld ist.
44) Wahr, daß Beklagte nach geschehener Flucht von Leonberg, als selbige gen Stuttgart gekommen, daselbst ein junges Mädlein, von Gerbersheim gebürtig, auf freier Straße angegriffen und so beschädigt, daß selbige lange Zeit große Schmerzen hat ertragen müssen.
45) Wahr, daß selbst die Verwandten der Keplerin sie für eine

Hexe gehalten, auch einige Unholdenstücke umständlich zu erzählen wissen,

46) daß sie auch ihren Mann (ohne Zweifel mit Unholden Werk) etliche Male von Haus vertrieben, also daß selbiger endlich im Kriege erbärmlich sterben und verderben mußte.

47) Wahr, daß sie einem Bürger allhier zwei Kinder angegriffen, welche auch sterben mußten.

48) Wahr, daß die Klägerin zu Leonberg im allgemeinen Ruf steht, sie habe der Klägerin Ursula den bewußten Leibesschaden zugefügt.

49) Wahr endlich, daß klagende Ursula viel lieber tausend Gulden geben oder verlieren wolle, als ihre unaussprechlichen Schmerzen täglich aushalten.

Da nun die Sachen, wie hier erzählt, wahrhaftig beschaffen, worauf wir einen leiblichen Eid ablegen können, so ist demnach unser ernstliches Begehren, zu erkennen, daß die Keplerin die billig erforderten 1000 Gulden für alle aufgewandten und künftighin noch auflaufenden Kosten und Schaden zu zahlen schuldig und verbunden sein solle.

Zugleich übergab Jakob Reinbold nachstehende Zusätze:

1) Wahr, daß vielerwähnte Keplerin einer Frau von Höfingen vor dieser Zeit einen Trunk gegeben, wovon sie arbeitsunfähig geworden.

2) Wahr, daß diese Frau durch solchen Trunk große Schmerzen an ihrem Leibe hat aushalten müssen.

3) Wahr, daß die Keplerin auch einen Knecht, welcher ihr beim Einbringen des Heues nicht willfahren wollte, einen großen Schaden zugefügt, wodurch ihm der Hals dermaßen anschwoll und auflief, daß er daran ersticken mußte.

Weitere Umstände kann der Herr Kommissarius von Zeugen erkunden.

III. Peinliche Klage,

an Statt mündlicher Auseinandersetzung,
des Fürstl. klagenden Anwalts
contra
Katharine Keplerin, peinlich Beklagtin.
(Eingegeben und abgelesen den 4. Sept. 1620).

Vor den usw. Herrn Stabhalter und Richtern des peinlichen Gerichts zu Güglingen erscheint unseres gnädigen Fürsten und Herrn Anwalt, Johann Ulrich Aulber, Vogt allhie und bringt auf angehörten fürstlichen Befehl und Legitimierung seiner Person wider Katharine Keplerin nachfolgende peinliche Klag-Punkte vor mit dem rechtlichen Begehren, die Beklagte vorerst zur Befestigung ‚Krieg rechtens', auch darauf zu gebührender Antwort anzuhalten. Vermittelst solcher Verwahrung sagt Anwalt wahr sein:

1) Obwohl eine Witfrau einsam für sich sein sollte, habe sich beklagte Keplerin doch viele Jahre hindurch mit Hin- und Herlaufen an Orten, wo sie nichts zu tun gehabt, so verdächtig gemacht, daß sie fast alle für eine Hexe gehalten.
2) Daher wahr, daß viele Personen sie ungern in ihren Häusern gesehen, auch teils der Verhafteten unter Augen gesagt, sie nicht weiter zu belästigen*).
3) Nichtsdestoweniger wahr, daß sie teils in ihrem eignen Hause, dann auch an anderen Orten verschiedene Personen mit Eingaben von Tränken, Antasten und sonsten dermaßen beschädigt, daß sie zum Teil gestorben, zum Teil noch heute elend vor Augen gesehen werden.
4) Wahr, daß sie Ursula Reinbolden einen solchen Trunk beigebracht, davor sie nunmehr etliche Jahre unsägliche Leibsschmerzen gehabt, und große Unkosten mit Arznei bishero vergeblich aufgewandt.
5) ‚Inmaßen' die Keplerin selbst bekannt, sie hätte des Glasers Weib einen Trunk gegeben, es wären aber die

*) Im Original steht: ‚sich allerdings Iren zuebemiessigen'.

Kannen verwechselt worden und die Glaserin aus der unrechten Kanne getrunken.

6) Ferner wahr, daß Beklagte auch Benedikt Beittelspacher und Bastian Meyers Hausfrau einen Trunk zugerichtet und zu trinken genötigt, davon Beittelspacher nach ausgestandenen großen Schmerzen neben Verlust der Mannbarkeit, ‚allerdings' kontrakt geworden, die Meyerin aber ausgesocht und gestorben ist.

7) Wie dann wahr, daß der Beklagten eigner Sohn Heinrich Kepler, so ein Kriegsmann gewesen, von seiner Mutter ausgesagt, sie wäre keine ‚rechte Frau' und als einmal Beklagte ihrem Sohn ein Brätlein zugerichtet, er geantwortet, der Teufel solle dasselbige fressen.

8) Als auch, wie Oswald Zahnen ein Kalb krank geworden und gestorben und Beklagte ohne Ursache, mehrere Male in des Bäckers Haus gelaufen, hat sie sich nicht wenig verdächtig gemacht, solches Kalb beschädigt zu haben.

9) Ebenso bei Michel Stahl, als seine Kuh in der Nacht um 11 Uhr ein solch Wesen angefangen, als sei sie wütend und solches getrieben, bis Mittel dagegen gebraucht worden, die Beklagte, so seine Nachbarin gewesen, sich ganz verdächtig erzeigt.

10) Desgleichen, daß sie des Bastian Meyers Töchterlein, Barbara genannt, die Unholdenkunst zu lehren begehrt, mit Fürgeben, daß sonsten keine Freude und ewiges Leben sei.

11) Auch aus dieser Kunst und des Teufels Eingeben das Weib des Zieglers Leibbrandt, Margaretha, in ihrem Kindbett unbekannterweise an einen Schenkel angetastet und beschädigt, daran sie seitdem all die Tage ihres Lebens zu tun.

12) Michel Meyern, Bader aus Remingen, als er als Geselle bei dem Balbierer zu Leonberg gewesen und Beklagte geschröpft, einen Trunk gegeben, welchen er wieder von sich gegeben, ‚sonsten er wohl wunderbarlich gewirkt haben möchte'.

13) Als der Metzger *Stoffel Frick* in dem Augenblick, als Be-

klagte an ihm vorübergegangen, ‚ohnversehends' wehe an einem Schenkel geworden, hat er solche in Verdacht gehabt, deswegen er die Beklagte (doch ihr unwissend) wieder um Hilfe gebeten.

14) So ist auch vor längerer Zeit dem seligen Jörg Baltzer, als er ihr auf ihr Begehren eine Fuhre abgeschlagen, alsbald ein Schwein krank geworden und gestorben.

15) Des Pfarrers Herrn Johann Maisterlins Tochter, Anna Maria genannt, zu Stuttgart von der Beklagten auf einen Fuß geschlagen worden, davon sie Schmerzen bekommen, die trotz gebrauchter Arznei bis jetzt noch nicht ganz gewichen sind.

16) Daniel Schmidten wider seinen Willen in das Haus an die Kinder gegangen, davon solche krank geworden und gestorben, also Beklagte, nach des Schneiders Vermeinen, ein wenn nicht beide Kinder umgebracht.

17) Beklagte Keplerin hat auch von dem Totengräber zu Eltingen ihres eignen Vaters Totenkopf begehrt, so ihr abgeschlagen worden.

18) Jörg Hallers Töchterlein auf den Arm geschlagen, davon solches gleich Schmerzen bekommen, welcher Schmerz auch augenscheinlich am Arm gesehen.

19) Darauf die Keplerin gleich verklagt worden und mit dem Mädchen konfrontiert, auch von des Zieglers Töchterlein überzeugt worden.

20) Als aber Beklagte verstanden, daß sie zu Leonberg in Haft gezogen werden möchte, hat dieselbe dem Untervogt allda einen silbernen Becher versprochen, wenn er Ihrethalben nicht gleich*) zur fürstlichen Kanzlei berichten wolle.

21) Jedoch in Vernehmung abschlägiger Antwort flüchtigen Fußes sich gesetzt und sich nach Heumaden zu ihrer Tochter begeben.

22) Indem unterschiedliche F. Befehle ergangen, auf Beklagte Bestallung zu machen und gefänglich einzuziehen, ist

---

*) Im Original steht: ‚nitzit'

dieselbe nach Linz in Österreich zu ihrem Sohn entwichen und so lange dort geblieben, bis ihr ‚salvo guardi' erlangt worden.*)

23) Schließlich wahr, als der Herr Vogt zu Stuttgart Beklagte zu Heumaden gefänglich hat abholen lassen wollen, dieselbe sich in eine Truhe einschließen ließ. Damit ist sonderlich ihr gutes Gewissen an den Tag gegeben!**)

IV. Exzeptions- und Defensionsschrift

Kath. Keplerin, peinlich Beklagte,
contra unseres gnädigen Fürsten und Herrn Anwalt,
Herrn Vogt zu Güglingen, Anklägern.
Extra Judicialiter eingegeben den 7. Mai anno 1621.

In der peinlichen Rechtsfrage zwischen unsers gnädigen Fürsten und Herrn Anwalt eines- und Kath. Keplerin anderseits, soll zunächst bemerkt werden, daß die in dem früheren bürgerlichen Prozeß von den Reinboldschen Zeugen abgelegten Aussagen (v. J. 1619) ‚vermög der Rechten'***) vor dem Kriminalrichter keinen Glauben haben, sondern von diesem beeidigt und verhört sein müssen. Also sollen in dieser Leib und Leben betreffenden Sache die angezogenen Aussagen der Reinboldschen Zeugen nicht in Berücksichtigung gezogen, sondern gänzlich verworfen werden, um so mehr, als unter denselben sich auch etliche ganz parteiische befinden. Da aber bemängeltes Examen bereits publiziert worden, so legt Beklagte hiermit auch gleichermaßen das Verhör ihrer Zeugen (v. J. 1618) vor, damit den Richtern somit der ganze zu Leonberg abgehaltene Prozeß vor Augen gestellt werde. Anlangend aber die Zeugen, welche vom F. Herrn Anwalt gestellt, so sind das dieselben, welche der Konfrontation beigewohnt, bei welcher der Untervogt Einhorn das Direktorium geführt, wozu er sich

*) d. h. sicheres Geleit, unter bewaffnetem Schutz, für sie erlangt worden.

**) Das letztere ist ironisch zu nehmen.

***) d. h. nach Gesetz und Recht.

selbst die Beisitzer gewählt hat und zwar nicht die Ältesten im Gericht, sondern solche Leute, die ihm wohl geneigt, der Keplerin aber abhold gewesen und von ihrem Tun und Lassen nur geringe Wissenschaft gehabt haben. Einer davon, *Ludwig Bilfinger*, ein notorisch schlecht beleumundeter Mensch, ist der Keplerin besonders feindlich und um dessen willen vermutlich auch wohl herangezogen worden. Einhorn hat auf die Keplerin und die Ihrigen einen unversöhnlichen Widerwillen geworfen, ist hingegen der Reinboldin und ihrem Bruder, Urban Kräutlein, sehr gewogen; wie er denn auch nicht in Abrede nimmt, dem F. Anwalt die peinliche Klage entweder selbst gestellt oder doch mindestens hierzu Bericht und Information erteilt zu haben. So hat auch der Stadtschreiber zu Leonberg, Werner Feücht, seine jugendliche Hitze, welche er gegen die Keplerin schon früher allzusehr gezeigt, noch nicht abgelegt, wofür er unter der kurzen Amtsführung Einhorns zuerst Bürger, dann Bürgermeister und endlich Stadtschreiber allda geworden ist. Auch der Herr Spezial zeigt sich so heftig, als wäre er schon viele Jahre Inquisitor und legt ein unzeitiges Judizium an den Tag. Er ist erst kurz nachdem die Reinboldsche ‚Verschreiung' aufs höchste gekommen, nach Leonberg versetzt worden und kann nichts anderes wissen, als was er bei dem Vogt, dem Stadtschreiber oder bei den Reinbolds und deren Sippschaft, dem Forstmeister und anderen, gehört hat. Die Keplerin aber ist bei ihm nicht in Gunst, ‚sintemalen' er ihr das Heilige Abendmahl versagt, ob sie gleich nicht überwiesen gewesen und ihr vom Herrn Pfarrer ein gutes Leumundszeugnis ausgestellt worden. Hingegen hat er die Reinboldin kommuniziert, obgleich dieselbe alle Tage auf Hochzeiten, Versammlungen und auf öffentlichem Markte ‚herumsponsiert' und die Kirche scheut.

Aber bei solchen Zeugen allen hat die peinlich Beklagte sich um so weniger zu befahren, als sie sämtlich bekennen mußten, daß die Keplerin bei der Konfrontation im geringsten nicht geständig gewesen. Übrigens haben diese Personen nichts anderes deponieren können, als was sie von den Reinboldschen Zeugen gehört hatten, die mit großem Haß und Neid gegen Beklagte eingenommen sind.

Zur Hauptsache übergehend, so hat dieselbe daher ihren Anfang genommen, daß die Reinboldin vor zehn Jahren in eine große

Krankheit geraten, in welcher sie schlecht fundierte Ärzte und allerhand unordentliche Mittel gebraucht, wodurch die Beschwerlichkeiten so zugenommen haben, daß ihr fast das Herz abgestoßen und ihr die Augen zum Kopfe herausgetreten. Wie nun solche Empiriker im Brauch haben, dasjenige, was sie verpfuscht, oder nicht kurieren können, auf Zauberei zu deuten, so ist es auch hier geschehen. Die Reinboldin, die kurz vorher mit der Keplerin und dem Zinngießersohn in Zank und Feindschaft geraten war, schiebt nun die Schuld dem Haustrank der Keplerin zu, ohne zu bedenken, daß ihre Krankheit aus natürlichen Ursachen entstanden, durch untaugliche Medikamente vermehrt und ihr von dem Allmächtigen zur Strafe begangener Sünden geschickt worden.

Als aber die Keplerin von diesem abergläubischen ‚Mensch', welche schon, ehe sie nach Leonberg gekommen, dergleichen Händel mehr gehabt und ihre Leibschäden eingebildeten Hexen zugeschrieben, je länger je mehr verschrien worden, stellte sie eine Injurienklage gegen die Reinboldin an. Nachdem in diesem Zivilprozeß bis zur Submission prozediert worden, unterfing die Reinboldin, um dem Urteil auszuweichen, sich einer neuen Klage, machte somit sich, die zuvor Beklagte, selbst zur Klägerin. Aber ehe die Aussagen ihrer parteiischen Zeugen gerichtlich publiziert worden, erlangte sie durch Schliche, daß auch dieser zweite bürgerliche Prozeß eingestellt und die Keplerin peinlich beklagt wurde, damit dasjenige, was im bürgerlichen Prozeß zu vollkommener Beweisung untauglich, im peinlichen zu Auswirkung der Tortur gebraucht werden möchte. Gleichwie aber der Ursprung dieses peinlichen Prozesses von der Reinboldin, als einer neidischen, abergläubischen, auch wegen ärgerlichen Lebens in Haft gelegenen Weibsperson herrührt, so werden auch die Anzeigen selbst, wenn dieselben sorgfältig erwogen werden, als erheblich nicht erachtet werden können. Denn in dergleichen hochwichtigen Sachen, bei welchen auch die Vernünftigsten sich irren können, ist nicht auf geringe, weitgesuchte Vermutungen zu sehen, sondern es werden zur Vernehmung der scharfen Frage klare, unwidertreibliche Indizien erfordert, welche das Vergehen so glaubhaft anzeigen, daß zur Erlernung der Wahrheit nur noch des Malefikanten eigenes Bekenntnis übrig bleibt. Die Anzeigen müssen gewiß und klarer als der helle Mittag sein, damit der Richter nicht allein von dem begangenen Verbrechen gleichsam gewiß sei, sondern auch nichts anderes als des Verbrechers eigenes Geständnis mangelt. Auch wird zur peinlichen Frage noch weiter erfordert, daß ein jedes Indizium mit zweien unverwerflichen, unparteiischen, in der Sache nicht interessierten Zeugen erwiesen werde, wie in der Halsgerichts-Ordnung art. 20 s. des weiteren ausgeführt wird. So werden überdies in peinlichen Sachen, wo auf die Tortur oder Leib und Leben beklagt wird, nur Mannspersonen und keine Weiber als Zeugen zugelassen, ‚sintemalen' ein jeder weiß, daß das Weib leichtgläubig, veränderlich, zum Verdacht geneigter, schwächlich und wankelmütig ist. –

Nach diesen allgemeinen Betrachtungen sollen nunmehr die vermeinten Indizien im besonderen durchgenommen und deren Unerheblichkeit ans Licht gebracht werden.

Zunächst bringt F. Anwalt ein, daß peinlich Beklagte sich durch Hin- und Herlaufen in die Häuser verdächtig gemacht habe, so daß sie fast jeder für eine Hex' gehalten. Zur Beweisung eines so gemeinen Rufes, weswegen übrigens niemand zur Tortur verdammt werden kann, ist notwendig, daß solcher Leumund öffentlich und vom größten Teil des Volkes gehört wurde, von ehrlichen, glaubwürdigen und angesehenen Personen her seinen Anfang nahm, und nicht von Leuten, welche einen Nutzen darauf zu hoffen haben; oder gar aus Verschreiungen entsprungen ist, die erst nach Streitigkeiten entstanden sind. Nun ist aber im ersten Zeugenverhör von vielen Zeugen bekundet, daß von der Keplerin vor ihrer Feindschaft nichts Unrechtes gehört wurde, ja es finden sich ehrliche Leute zu Leonberg, welche sie für unschuldig und für eine brave Frau halten. ‚Inmaßen' dergleichen Reden unter dem Pöbel entstanden und durch die Reinboldin unter die Leute gebracht wurden, indem sie ihre Schmerzen männiglich klagte; daß sie diejenigen, mit welchen sie Gemeinschaft hatte, anwies, dieses weiter zu verbreiten, und daß ihr Anhang, sobald einem oder dem anderen ein böser Zustand begegnete, solchen sogleich der Keplerin zuschrieb, auch wenn dieselbe nur an einer solchen Person vorübergegangen war. Wie denn auch Beittelspacher, der nächste Nachbar und tägliche Hausfreund der Reinboldin, vor der Verschreiung dieses bösen Weibes nie über die Keplerin klagte oder den Umgang mit ihr meidete. Ebenso ist es mit *Oswald Zahns* Hausfrau, mit dem Barbiergesellen und mit Jörg Hallers Weib, die alle Hausbewohner oder doch nächste Nachbarn der Reinboldin sind. Ganz besonders muß hervorgehoben werden, daß dieser, von übelgesinnten Leuten entsprungene böse Ruf der Keplerin durch des Untervogt Einhorns Mißgunst auch in andere Leut' übertragen worden ist, daß sie sich unterfangen haben, schlankweg nach den von ihm ausgestreuten Gerüchten auszusagen. Der vermeintliche böse Leumund ist also aus ‚nicht schließenden Ursachen'*) entstanden, und deshalb kann der öffentliche Ankläger daraus keinen nachteiligen üblen Ruf für die Angeklagte ableiten, denn dieser ist nicht nach der Zahl der Zeugen, sondern nach der Wichtigkeit oder Unwichtigkeit des Grundes zu beurteilen.

Wenn die angegebenen Verschreiungen begründet und Beklagte der Hexerei ergeben wäre, so würde sie mit dergleichen verdächtigen Weibern Gemeinschaft gehabt haben (was in der K. Halsgerichts-Ordnung auch für ein Indizium angesehen wird). Das ist aber nicht nur nicht im geringsten dargetan, sondern, obwohl in Leonberg etliche Male Unholde justifiziert und verbrannt wurden, so ist in dem ganzen Prozeß doch nie erwiesen, daß peinlich Beklagte jemals von einer solchen Hexe angegeben ist, obgleich ihnen alles, was ihnen aus sich selbst und andern ihrer Gespielinnen bewußt gewesen, mit unleidlicher Pein und Marter ausgepreßt worden ist. – Ja, eine unter diesen, die Wellingerin, welche ihre Unschuld durch barbarisches Torquieren und Zerreißung ihrer Gliedmaßen bezeugte, hat bekundet, daß sie durch zwei zu ihr gesandte Gerichtspersonen auf die Keplerin verbotenerweise befragt worden, was gewiß eine erhebliche Anzeige der Unschuld bedeute, die von dem Richter in fleißiger Obacht zu nehmen ist. Betreffend das Hin- und Herlaufen in Häusern, wo sie nichts zu tun hatte, so mag das wohl für den Beginn einer weiblichen Blödigkeit, aber nie und nimmer für eine Anzeige des Unholdenwerks gehalten werden. Alte, blöde Weiber sieht man nicht gern im Haus; aber wenn man sie gleich als Unholdinnen aus-

*) d. h. aus nichtigen Gründen.

schreien wollte, so würden alle alten, geschwätzigen oder sonst unbequemen Weiber von dergleichen bösem Argwohn nimmermehr befreit bleiben.

In dem dritten Klag-Artikel behauptet F. Anwalt, daß peinlich Beklagte Menschen und Vieh beschädigt habe und macht in den folgenden Artikeln 11 unterschiedliche vermeinte Hexenstücke namhaft, unter welchen aber nur zwei sind, wegen welcher bei der Obrigkeit Kläger erschienen, nämlich die Reinboldin, als sie durch eine Injurienklage angefochten wurde, und des Hallers Mägdlein, welches von ihr während des Prozesses aufgehetzt wurde, damit das Zeugenverhör abgestellt werden möchte. Alle übrigen Stücke sind von der Reinboldin, um sich von der intendierten Schmachklage zu befreien, ‚ausgeklaubt' worden. Da nun nicht wenig Zeugen nichts anderes auszusagen wissen, als was die Reinboldin ihnen vorgesagt, so wolle der Richter wohl zu Gemüt nehmen, daß bei keiner der angegebenen Hexentaten ein rechtes offenbares ‚Corpus maleficii' zu verspüren und sich erinnern, *daß die schlichte Tat im allgemeinen Sinne und eine Hexentat, die für einen besonderen Fall angenommen wird, verschiedene Dinge sind.*

Aus all' den Vorfällen, die der Schuld der Keplerin zugeschrieben werden: der Wahnsinn der Reinboldin, die Gebresten Beittelspachers, der Zieglerin offene Schenkel, das Fußleiden Stoffel Fricks und der Tochter des Pfarrers zu Gebersheim, das Sterben der Schneiders-Kinder, ingleichen das Viehsterben, wird man wahrhafte Hexentaten nicht herauspressen. Es gibt viele Frauenzimmer, denen die Leibesentwickelung zu Kopfe gestiegen ist und Blödigkeit, unleidliche Schmerzen, ja Wahnsinn erzeugt; manche Weiber, welche in ihrer Jugend blutreich sind, und wie die Rosen blühen, neigen, wenn sie, wie die Reinboldin, unfruchtbar bleiben, später aus Überflüssigkeit des Geblüts und der Galle, zu schrecklichen Kopfkrankheiten. Es sterben täglich viele Erwachsene an der Lungensucht und noch mehr Kinder; es finden sich viele verkrüppelte und lahme Leute; besonders unter Menschen, die schwer heben, tragen und springen, ist es nicht selten, daß sie sich das Rückgrat verrenken. Dadurch werden die in demselben herabgehenden Spannadern gelähmt, abgestoßen oder sonst verletzt, die von oben nötige Befeuchtung vermindert und durch ein

Ausdörren dieses wichtigen Organs der Mensch gelähmt. So ist es bei Beittelspacher und Stoffel geschehen. Das Kuh- und Schweinesterben ist ein so alltägliches, daß man die Herren Richter damit nicht aufhalten will, besonders da gerade zu der Zeit ein allgemeines Viehsterben am Orte herrschte. Es wird also F. Anwalt mit diesen angeblichen Hexenwerken seine Klage nicht bestärken können, denn alle diese Geschichten deuten gar nicht auf Hexenwerk, da sich dabei augenscheinlich gar keine zauberischen Indizien und Zeichen zeigen. Darauf kommt es an: *Festzustellen, ob die Krankheit aus einer natürlichen Ursache entsprungen ist, oder aus einer bösen Tat oder Giftmischerei.* Und selbst, wenn der Schade natürlich ist, wie leicht geschieht es bei abergläubischen Menschen, besonders Weibern, die auf alles Verdacht haben, daß sie sich einbilden, sie seien durch eine gewisse Person behext?

Unter anderen Anzeigen, wodurch sich natürliche Krankheiten von unnatürlichen unterscheiden, ist diese nicht die geringste, daß bei einem von Hexerei entstandenen Schaden der Schmerz gleich anfangs am größten, auch keine ordentliche Periode hält. Das ist bei der Reinboldin, bei Beittelspacher, der Zieglerin und Hallers Mägdlein nicht befunden, deren Schmerzen unleugbar von Tag zu Tag bis zum schlimmsten zugenommen. So wird auch dafür gehalten, daß dergleichen Schaden keine natürliche Art haben und sich nicht nach dem Mond und Wetter richten, wie bei der Reinboldin und bei des Pfarrers zu Gebersheim Tochter geschieht. Sie sind auch nicht durch natürliche Arzneien zu heilen, wie bei Hallers Mägdlein, die durch ordentliche, gewöhnliche Mittel ihre Gesundheit wiedererlangt hat. Diese Zeichen unnatürlicher Krankheiten sind in Martin Del Rio disquit. mag. lib. 6. c. 2. zu finden*).

Was nun die im 4. und 5. Klag-Artikel angebrachte Beschuldigung anbelangt, die Keplerin habe der Reinboldin durch einen Trunk Schaden angetan und selbst bekannt, es seien die Kannen verwechselt und sie habe das unrechte Kännlein erwischt, so ist solches bereits hinlänglich widerlegt. Auch mit Donat Gültlingers Aussage kann die Beklagte nicht graviert werden, weil er nicht in

---

*) Martin Anton Del Rio, Jesuit, geb. zu Antwerpen 1551, gest. zu Löwen 1608. Schrieb ein Buch über magische Untersuchungen.

diesem Kriminalprozeß, sondern in dem bürgerlichen Prozeß von der Reinboldin produziert worden und überall nicht sagen kann, daß die Keplerin jemals bekannt habe, daß in jenem Kännlein etwas schädliches gewesen.

Im 6. Klag-Artikel wird der Keplerin zugeschoben, sie hätte den Benedikt Beittelspacher durch ihren Trunk gelähmt und der Mannbarkeit beraubt, ja, die Meyerin sogar getötet. Zwar stellt Beklagte nicht in Abrede, daß sie beiden zu trinken gegeben; aber hieraus wird doch ganz übel geschlossen auf die Wirkung. Besonders, da sie anfänglich nur wenig Schmerzen empfunden haben. Dabei wird als der höchsten Unwahrheit widersprochen, daß die Keplerin zu Beittelspacher in sein Haus gekommen, als beide Türen verschlossen gewesen. Wenn solches geschehen, so würde er sich ihrer fernerhin nicht angenommen, nicht mit ihr gegessen und getrunken haben, wie er selbst bekannt hat. So will man es getrost dem Ermessen der Herren Richter anheimstellen, was von einem solchen Zeugen zu erwarten und ob einer solchen Aussage soviel Wichtigkeit beizumessen, daß daraufhin eine arme, blöde, 74jährige Frau mit der Tortur zu belästigen sei.

Anlangend des Bastian Meyers verstorbenen Hausfrau, so ist dieselbe lange Zeit, ehe sie in der Keplerin Haus gekommen, mit der Lungensucht behaftet gewesen; hat auch damals geäußert, es würde wohl das letztemal sein, daß sie mit ihr trinken könne. Ihre Tochter Barbara und ihr Ehemann haben nie geklagt, ja, sie haben sich über die Verdächtigung der Reinboldin, als habe sich die Mutter bei der Keplerin den Tod getrunken, beschwert. Hätte Meyer nur den geringsten Argwohn gefaßt, er würde wahrlich sein Töchterlein nicht zu der Hexe ins Haus gelassen haben. Überdies ist erwiesen, daß Beittelspacher und die Meyerin aus ein und demselben Becher getrunken. Wäre nun der Trank teuflisch zugerichtet gewesen, so hätte er bei beiden Personen auch denselben Effekt gehabt: Es würden beide ‚ausgesocht' haben, oder beide lahm geworden sein.

Beim 7. Klag-Artikel will F. Anwalt die Reden des verstorbenen Sohnes Heinrich der Beklagten zu einer Anzeige der Tortur deuten. Obwohl in besonderen Anschuldigungen und schweren Untersuchungen die Aussagen der Kinder gegen die Eltern zuzeiten wohl beachtet werden, so sind solche doch in gegenwärtiger Sache keineswegs heranzuziehen. Dieser Heinrich ist nie examiniert worden und so ist aus seinen Worten auch nicht zu schließen, daß sie von ihm auf Hexenwerk verstanden seien. Wie er überdies solche Reden gemeint, ist aus Hans Jossenhanns Zeugnis zu erlernen, der ausgesagt hat, Jakob Koch habe von Heinrich gehört, man solle seiner Mutter eine Schmach antun, weil sie ihn so lange habe Hunger leiden lassen. Besagter Heinrich ist im 16. Jahr seines Alters vor Endung seiner Lehrjahre weggelaufen, im Kriegswesen vollends aufgewachsen, hat bei seiner Heimkunft vor 15 Jahren mehr Böses als Gutes mitgebracht, ist von der evangelischen Religion abgefallen und hat gegen die Mutter öfters gottlose, unkindliche Reden ausgestoßen, welche jedoch nicht auf Zauberei gedeutet werden können.

Und damit sich die Zahl der vermeinten Indizien vermehren möchte, wird beim 8. Klag-Artikel des Bäckers Oswald Zahn gestorbene Kalbin hervorgesucht. Hierzu kann kein anderer Umstand beigebracht werden, als daß den Tag zuvor, ehe diese Kalbin krank geworden, die Keplerin bei der Bäckersfrau Milch gekauft, Geld gewechselt und ihrem Sohn Heinrich ein Brätlein im Backofen zu braten begehrt hat. Die ‚Bäckin' bezeugt unter ihrem Eide, die Keplerin habe das Kalb nicht berührt, sei überhaupt nicht in den Stall gekommen. Wenn aber einzig um des Zuwandels in ein Haus jemand der Verhexung eines Stückes Vieh, das er weder gesehen noch berührt, zugemessen werden könnte, so würden wenig betagte Matronen von dergleichen bösen, nichtswerten Argwöhnen unbelästigt bleiben. – Beim 9. Klag-Artikel wird des Sattlers Michael Stahls Kuh, welche in der Nacht unruhig, aber bald wieder zurecht gebracht wurde, aufgeführt, und das allein als Anzeige gemeldet, daß die Keplerin am Morgen am Stall vorübergegangen und von der Kuh gesprochen. Das ist ein so geringer und nichtswerter Verdacht, daß es unnötig ist, sich lange dabei aufzuhalten.

Beim 10. Klag-Artikel wird vorgegeben, daß peinlich Beklagte der Barbara, des Barbier Meyer Töchterlein, das Unholdenwerk zu lehren sich unterstanden. Das ist so wenig erwiesen, daß F. Anwalt nicht einmal einen Zeugen darauf stellte. Deswegen gereicht diese unbegründete Zulag*) der Beklagten mehr zum Nutzen als zum Schaden, indem daraus abzunehmen ist, wie leicht ein ehrliches Weib mit boshafter Verdrehung der Worte in Verdacht gebracht werden kann. Denn obgedachte Barbara weiß nichts anderes auszusagen, denn nur, daß sie vor zehn Jahren als zehnjähriges Kind gesehen, wie sich die Keplerin, die bei der Haferernte geholfen, am Feldfeuer, woran man das Nachtessen zurichten wollte, etwas verbrannt habe. Da habe meine Mutter zu ihr gesagt: „O, Jesus, ich möchte keine Unholdin sein, wenn das bißchen schon so brennt," und nach einer Weile hinzugefügt: „Möchtest du wohl eine sein?" – Hieraus ist das böswillige Gerede entstanden. Verschwiegen sollen nicht die gefährlichen Anstiftungen bleiben, welcher sich die Reinboldin durch Victor Hecht, gewesenen Provisor in Leonberg, schuldig gemacht hat. Hecht hat andere Zeugen durch Drohworte verleitet, von der Wahrheit abzuweichen. So hat er auch der Barbara gedroht, wenn sie nicht bekundschaften werde, daß die Keplerin ihr das Hexenhandwerk hat lehren und ihr eines Nachts einen Buhlen hat geben wollen, ja, daß die Hexe ihre selige Mutter durch einen Hexentrank umgebracht, so würde man sie in den Turm legen. Daraus ist zu erlernen, welche Listen und Praktiken die Feinde der Keplerin gebrauchten, um sie um ihren guten Namen zu bringen und in Leibes- und Lebensgefahr zu stürzen.

Auf solche böswillige ‚Verschreiung' ist auch die vermeintliche Schuld der Keplerin an dem im 11. Klag-Artikel vermeldeten Schenkelleiden der Zieglerin Leibbrandt zurückzuführen. Es berichtet aber die Beklagte, wie sie sowohl bei ihrem Hauswirt, als auch anno 1602 zu Prag bei ihres Sohnes ersten Ehefrau erfahren, welche Angelegenheit selbige an Schenkeln wegen des Rotläufers erlitten; auch gute Mittel dagegen besonders von ihrer Schwiegermutter, so eine ehrliche und gute Ärztin gewesen; ferner von ihrer Schwiegertochter erlernt habe. Als sie dann den Schaden bei der Zieglerin gesehen, habe sie sich aus guter Meinung angeboten, ihr nützlich zu sein. Daß das Leiden der Zieglerin eine so böse Wendung genommen, ist nicht durch das vermeintliche teuflische

*) d. h. neue Beschuldigung.

Antasten und durch die verhexten Mittel der Keplerin verursacht, sondern ist die Folge einer natürlichen Krankheitserscheinung. Die Erfahrung lehrt, daß blutreiche Weibspersonen nach der Geburt aus Überfluß hitziger Gallen das Rotlaufen bekommen, das durch Unreinlichkeit und Verwahrlosung leicht aufbricht, indem alle Flüsse dahin abgeleitet werden und daselbst ihren Ausgang suchen. Wenn der Spezial zu Leonberg unbedächtlich deponiert, er habe von Jörg Hallers Weib, welche die ärgste Feindin der Keplerin ist, vernommen, sie habe von der Zieglerin gehört, es seien neulich Haare aus ihrem Schaden gekommen, so ist das die lautere Verleumdung, und man muß sich wahrlich wundern, daß der Spezial dieses Geschwätz nachsagen mochte, da doch ‚männiglich' bekannt, *daß ein Zeugnis auf Grund von Hörensagen ohne jede Beweiskraft ist.* Daß alle Reden der Hallerin im Widerspruch mit der Wahrheit stehen, kann man im Notfall durch die Handschrift des Amtsvorgängers des Spezials und jetzigen Spitalpredigers zu Stuttgart, Herrn M. Grab, bezeugen. Aber gesetzt auch, es hätten seit diesen 18 Jahren Unholden die Zieglerin behext, wie will man das die unschuldige Keplerin entgelten?

Daß der Bader Michel Meyer sich nach dem ihm von der Beklagten angebotenen Ehrentrunk erbrochen hat, wie im 12. Klag-Artikel gemeldet wird, soll nicht bestritten werden. Der Trunk war mit Ingwer gewürzt und es kann ‚leichtlich' geschehen, daß jemand, der an Magenverstimmung leidet, an dem sonst ganz unschuldigen Trunk einen Ekel hat. Meyer beschuldigt auch dieserwegen niemanden.

Von gleicher Unerheblichkeit ist der 13. Klag-Artikel. Denn kein Mensch mit gesundem Verstande wird es für glaubhaft erachten, daß der Keplerin einfaches Vorübergehen bei der Metzgerbank des Stoffel Frick diesem einigen Schaden verursachen könne. Sondern die tägliche Erfahrung lehrt, daß jemand durch starke Bewegung, wie beim Fleischaushauen geschieht, ‚leichtlich' Schmerzen in einem Gliede bekommt, welche sich nach und nach wieder verziehen. Also ist seine abergläubische Hilfsbittung und daß er auf solche wieder gesund geworden sein solle, als eine redliche Anzeige und Indizium keineswegs zu halten. Was nun aber das ganz unglaubliche vermeinte Indizium mit dem Drohwort ‚Wettmachen' anbelangt, so ist zu bedenken, daß Frick durch seinen bösen Verdacht, womit er die Keplerin als Wetterhexe hinstellte, diese schwer beleidigte. Es war das gute Recht der Frau, daß sie mit gleicher Münze heimzahlte und ihn vor seiner eignen Tür kehren hieß.

Der 14. Klag-Artikel beruht allein auf der Aussage des verstorbenen Eheweibes des Severin Stahls, Barbara, welche, von keinem Zeugen unterstützt, sich unterstand, eine Geschichte zu bekunden, die sich vor fünfundzwanzig Jahren, als sie noch nicht sieben Jahre alt war, begeben haben sollte. Zeugin konnte auch nicht sagen, daß die Keplerin das in Frage stehende Schwein berührt hat. Wenn Barbara ein besseres Erinnern gehabt hätte, so würde sie wohl gewußt haben, daß der Knecht ihres Vaters damals das Schwein überfahren hatte. Er wollte das aber seinem Meister verheimlichen, und so entstand das Gerede, die gerade vorübergehende Keplerin habe das Schwein umgebracht.

Auch der 15. Klag-Artikel, in welchem peinlich Beklagte beschuldigt wird, sie habe der Anna Maria, des weild. Pfarrers Meisterlin ledige Tochter an den Schenkeln Schmerzen zugefügt, beruht auf der alleinigen Aussage dieses Mädchens. Wie es sich in ihren Aussagen des öfteren widersprochen, so konnte es auch nicht mit Bestand anzeigen, daß ihr Schade von der Keplerin herrühre. Er konnte aus natürlichen Ursachen entstanden sein, so wie er sich auch natürlicherweise nach dem Mond und Wetter richtete, wie Zeugin selber bekannt, und mit natürlichen Mitteln (ex Martin Del-Rio) ihr benommen wurde.

Anlangend den 16. Klag-Artikel, so hoffte Beklagte, mit den darin angezogenen Krankheiten und Todesfällen der Kinder in der Familie des Schneiders Daniel Schmidt nicht beschwert zu werden. Der Schneider ist ein abergläubischer Geselle und von Haß und Neid gegen die Keplerin eingenommen. Übrigens ist die Keplerin allzeit geständig gewesen, daß sie den erwähnten Segen, kniend vor der Wiege, gesprochen. Aber nicht auf offenem Kirchhof, wie der Herr Spezial bezeugt. Es ist bei demselben kein unrecht Wort zu finden; sollte Aberglauben mit unterlaufen sein, so würde solches von papistischen Traditionen herrühren, nicht aber Zauberei daraus erzwungen werden können.

Konform mit dem 17. Klag-Artikel stellt Keplerin nicht in Abrede, daß sie von dem nunmehr verstorbenen Totengräber zu Leonberg ihres Vaters Totenkopf begehrt hat. Jedoch zu einem ganz anderen Zweck, als den die Anklage annimmt. Und wenn die Beklagte bei ihrem Gegenpart in dem Ruf steht, daß sie listig und verschlagen sei, so ist nicht anzunehmen, daß sie eben zu der Zeit, da man zu Leonberg Unholdinnen verbrannte, sich so unvorsichtig mit Begehrung ihres Vaters Totenkopf sollte gezeigt haben, wenn sie selbigen zu unrechten Mitteln zu gebrauchen willens gewesen. Daß grade eines verstorbenen Vaters Schädel vor anderen zur Zauberei tauglich, ist niemalen erhört worden. Man vergleiche die Rechtsbücher von Bassius, Mascard, Menoch und D. Bocer. Wenn nun die peinlich Beklagte aus der ‚wirklichen Behaltung des Totenkopfes' keinen Rechtsnachteil verursacht haben würde, wieviel weniger wird sie es zu entgelten haben, da sie es beim bloßen Begehren beließ?

Beim 18. Klag-Artikel hat sich der Keplerin Gegenpart sehr bemüht, der Reinboldin mit dem Töchterlein des Jerg Haller unter die Arme zu greifen und die verhaßte Feindin zu gravieren. Die Keplerin stellt nicht in Abrede, daß, da sie des schmalen, kotigen Weges wegen dicht an dem Mädchen vorbeigehen mußte, es wohl unversehens mit dem Ellbogen angestoßen haben kann. Aber daß sie es sollte geschlagen haben, wird nur von der Tochter des Zieglers Leibbrandt, einem Mädchen von elf Jahren, bezeugt; alle anderen Ziegelträgerinnen, die dabei gewesen, wissen davon nichts. Es konkurrieren bei diesem Fall mehrere ‚Nullitäten'*): *Weibliches Geschlecht, Minderjährigkeit, Feindschaft der Eltern und einzige Zeugin.* Man belehre sich: Anton Gomes, ‚Von den Zeugen' –.

Der Barbier *Christoph Georg auf dem Sand* zu Leonberg bezeugte, daß er dem Mägdlein ohne Mühe geholfen habe. Das schwache Kind von kaum elf Jahren konnte sich mit Tragen der schweren Ziegel den Arm leicht verziehen. Die Mutter desselben, Schinders Burga, ein leichtsinniges, vermessenes Weib, das voller Aberglauben steckt, bemühte sich, ihrer nichtigen Beschuldigung durch mörderisches Stechen einen Schein von Ansehen zu geben.

---

*) Ungültigkeiten bei gerichtlichen Aussagen.

Sie hofft, wenn sie die Keplerin in die Flucht oder gar in den Tod brächte, deren Vermögen an sich zu ziehen, worauf sie bereits Geld zu entlehnen suchte. Sie läuft täglich bei der Reinboldin ins Haus, von der sie Almosen empfängt und trägt dafür die dort ‚ausgeklaubten' Klatschereien weiter.

Da nun die Keplerin dieserwegen keines Hexenwerks überwiesen worden, wie im 19. Klag-Artikel unbedächtlich vorgegeben wird, so mag auch die im folgenden 20. Klag-Artikel vorgerückte Anbietung eines Bechers diese Behauptung nicht unterstützen. Denn die Veranlassung hierzu war diese: Weil die Beklagte gesehen, daß der Vogt Einhorn der leichtfertigen Hallerin allzuviel Gehör gegeben, ihre mörderische Antastung ungestraft habe hingehen lassen, mündlich und schriftlich erklärte, des Kindes Arm sei lahm, da doch keine Lähmung vorhanden war; ein Kind als Zeuge passieren ließ, den über Jahr und Tag gerichtlich betriebenen, mit großen Kosten angestellten Produktionstag wider die Ordnung, unwissend des Richters, zu großer Beschimpfung ‚abstrickte' und damit ihr den Weg, die schmähliche ‚Zulage' im Zivilgericht abzuwenden, abschnitt, darum erachtete diese alte, bedrängte und geängstete Frau es für das ratsamste, den Produktionstag mit einem Becher zu befördern. Wie sehr Einhorn, welcher der Keplerin jederzeit entgegen gewesen, wegen seiner wenigen Gewissenhaftigkeit zu fürchten war, davon will man nur folgendes anführen: Als die Keplerin in ihrer Klage gegen die Reinboldin anführte, letztere habe den Produktionstag durch der Hallerin ungegründete Beschuldigung verhindert, und der Vogt hierüber Zeugnis ablegen sollte, äußerte er, er habe amtshalber den Produktionstag zurückgelegt, weil er schon damalen fürstlichen Befehl gehabt habe, die Keplerin einzuziehen. Und doch hat sich der Handel mit der Hallerin schon am 18. Oktober zugetragen, ist am 19. vor Amt gekommen und stracks an diesem 19. Oktober hat Einhorn den auf den 21. Oktober angestellten Produktionstag abgestellt und erst am 22. ist sein übler Bericht abgegangen, durch welchen der Verhaftbefehl ausgewirkt worden. Darum ist der Beklagten nicht übel zu deuten, daß sie den Vogt mit allen verständigen Mittel zu Beobachtung der Billigkeit und Beförderung ihrer angefangenen Rechtfertigung zu bewegen sich unterstanden. Ihre Meinung war, daß der Bericht so lange, bis ihre Zeugen verhört sein würden, eingestellt werde, wie Einhorns Bericht selbst beweist, indem der Vogt darin meldet, die Keplerin habe ihn gebeten, nicht zu berichten, oder doch zu verziehen.

Fast dieselbe Bewandtnis hat es mit der im 21. und 22. Klag-Artikel ausgesprochenen Flucht. Es geschieht der Beklagten mit diesem Vorgeben Unrecht. Denn sie hatte sich schon früher hohen Alters wegen zu ihrer Tochter nach Heumaden in die Kost eingedingt, kam von da nach Leonberg und ging wiederum zurück. Einhorn nannte es selbst in seinem Bericht keine Flucht. Auf das Gerede, die Mutter sei geflohen und habe ihr Haus verschlossen, hat der Sohn Christoph dem Vogt sofort angezeigt, sie sei in Heumaden zu finden; weil man sie aber an Leib, Ehr' und Gut angreife und dagegen ihr das Recht sperre, so wolle er mit seiner Mutter unverzüglich nach Linz abreisen und sich bei seinem Bruder, dem Mathematiker, Rats erholen, der die Mutter durch ein Schreiben an ihren Kriegsvogt längst gefordert habe. Hätte die Beklagte ein böses Gewissen gehabt, so würde sie nicht den Ort, wo sie anzutreffen, angezeigt haben, viel weniger aus eigenem Antrieb, ohne erlangtes sicheres Geleit (indem, was von erteilter ‚salva guardia' ausgesprochen, unrichtig ist) sich von Linz wiederum nach Heumaden und von da nach Leonberg begeben haben, ja, gar vor der Obrigkeit erschienen sein! Wie denn auch der ruhmlose, schmähliche Überfall seitens der Häscher klar zeigt. –

Beim letzten Klag-Artikel endlich führt Fürstl. Anwalt gleichsam als ein neues Beweismittel ein, daß peinlich Beklagte bei ihrer Gefangennahme in Heumaden bei ihrer Tochter versteckt gefunden wurde. Wahrlich, sie wäre berechtigt gewesen, sich dieser Gefangennahme und folgenden langwierigen, schweren Haft zu entziehen! Trotzdem hat sie aber hierinnen aus sich selbst nichts getan, sondern folgte unwissend, im ersten Erwachen und Schrecken, um was es eigentlich zu tun sei, den Ihrigen. Die Tochter lief in dieser schrecklichen Nacht im Hemd zur schlafenden Mutter und legte sie ganz nackend, nur mit einem Bettuch bedeckt in eine Truhe.

Wenn der peinlich Beklagten zum Vorwurf gemacht wird, sie hätte immer die Augen von den Zeugen abgewendet, und es wären ihr bei Anhörung der theologischen Artikel die Augen niemals übergegangen, so ist von vielen ehrbaren Zeugen erwiesen, daß sie das ‚Abwenden der Augen im Brauch hat'*), daß sie aber sonsten unerschrocken geredet und denjenigen, mit welchen sie konfrontiert wurde, standhaft widersprach, auch teils dieselben vor das jüngste Gericht geladen. Es kann also hieraus keine Furcht oder stillschweigendes Bekenntnis erzwungen werden. Wegen angegebener Unterlassung des Weinens ist zu bemerken, für den Fall, daß die Beklagte gar keine Zähren vergossen haben sollte, daß solches nicht allein der Hexen und Unholden Eigenschaft ist, sondern auch anderen, ehrlichen Leuten, besonders alten, die Tränen vertrocknen können. Tränenvergießen ist eine gleichgültige Sache, sie kann da sein oder nicht, bei Schuldigen und Unschuldigen. Es ist dies also eine ganz ungewisse und liederliche Anzeigung zur Tortur.

Wenn nun sämtliche vorgebrachten Anzeigungen nicht von solcher Erheblichkeit sind, daß dieserwegen ein Mensch, die edelste Kreatur und zum Ebenbilde Gottes erschaffen, der scharfen peinlichen Frage unterworfen werden könnte; zugleich auch zu denselben ganz unzulässige, parteiische Zeugen gestellt worden sind, auch ein jeder Zeuge in seiner Aussage einzig ist, und von entfernten, das Verbrechen der Zauberei nicht unmittelbar berührenden Anzeigen ausgehen, so tröstet sich die arme peinlich Beklagte der Lossprechung von der Tortur. Solches um so viel mehr, als sie ein schwaches, blödes 74jähriges ‚Weibsbild' und ehrlichen Herkommens ist, von der ‚niemalen' ein unehrbar Stück gehört wurde und die ihre Kinder ehrlich unterbrachte, und die in Anbetracht, daß sie ohne genugsame Ursache in so schmähliche Verhaftung gezogen wurde und diese lange Zeit vom 7. August 1620 bis jetzt im dumpfen Kerker angefesselt gelegen und mit ausgesuchten Gewalttätigkeiten und steter Gefährdung**) ihrer Feinde mehr denn genug gepeinigt worden.

Also will peinlich Beklagtin ihr Begehren wiederholen, auch

---

*) d. h. das Wegwenden der Augen beim Sprechen war ihr eigentümlich, hatte sie an sich.

**) So im Original. D. h. mit steter Gefahr vor ihren Feinden.

das richterliche Amt um Erteilung Rechtens und der Gerechtigkeit mit demütigem Fleiß hiermit angerufen haben.

Salvo jure etc.

V. Deduktions- resp. Konfutations-Schrift

des Fürstl. klagenden Anwalts
Joh. Ulrich Aulbers zu Güglingen,
contra
Katharine Keplerin zu Leonberg,
peinlich Beklagtin.
Eingegeben den 20. August 1621 in Pt. torturae.

Ehrenfeste, fürsichtige und weise Stabhalter und Richter des peinlichen Halsgerichts zu Güglingen. Günstige Herren!

Nach einer längeren Einleitung kommt Aulber zur Sache:

‚Die Sach' selbst anzugreifen, so beruht selbige nach Anleitung der Peinlichen Halsgerichtsordnung beim 28. Artikel auf diesen zwei Hauptpunkten: 1) Ob wider die peinlich Beklagte genugsame Anzeigen vorhanden, kraft deren sie vermöge des Rechtens zur peinlichen Frage könnte gezogen werden? 2) Ob solche Anzeigen durch der Beklagten Einwendungen und angemaßte Verteidigungen widerlegt wurden oder nicht?'

In all' den gegen die Keplerin vorgebrachten, und hinlänglich bekannten Verdächtigungen und Verleumdungen sieht nun der Richter, alles für bare Münze nehmend, die Bejahung obiger Fragen zugunsten der Tortur:

‚Man will daher alles unnötige Disputieren, wieviel Indizien für die Tortur erfordert werden, wie dieselben an sich selber bewandt, wie sie bewiesen sein müssen, was für Zeugen requieriert werden, an seinen Ort gestellt und den gottesfürchtigen Richter darüber erkennen lassen. Man befindet sich im Falles eines verborgenen, verabscheuungswürdigen, greulichen Verbrechens der Zauberin, das, wie Bodin schreibt, alle andern, *auch das Majestäts-Verbrechen, weit übersteigt, weil dadurch die göttliche Majestät aufs schwerste beleidigt und zum Zorn herausgefordert wird,* worunter das Gemeinenwesen leidet; daher der Richter hier kühner als in anderen Fällen auf die Tortur antragen kann. Man braucht sich an keine Regel zu binden.

Besonders gravierend ist noch der Umstand, daß die Beklagte zu Leonberg vielfältig hin- und hergelaufen ist, an End' und Orten, wo sie weder etwas zu tun hatte, noch verlangt wurde, ja, wo man sie ungern gesehen und wo sie gewöhnlich häßliche Spuren hinterlassen hat. Denn es ist in der Peinlichen Halsgerichtsordnung, Artikel 25, ganz besonders vorgesehen: Wenn eine verdächtige Person an gefährlichen Orten zu der Tat verdächtig gefunden werde, daß solches neben anderen Umständen eine Anzeigung zur Tortur sei.

Die peinlich Beklagte stützt sich erstens auf ihre Unschuld, dann auf das hohe Alter und endlich auf ihre Widerlegungen und Einwendungen gegen die Zeugen. Ihre Unschuld will sie damit dartun, daß sie die Reinboldin wegen beschuldeter Hexerei bürgerlich beklagt habe. Aber es ist dieses Beweismittel nicht von solcher Wichtigkeit, daß man sich dabei lange aufhalten sollte. ‚Sintemal' es schon mehr geschehen, daß Eine, die für eine Unholdin und Hexe gescholten wurde, nicht allein bürgerlich klagte, sondern auch den Sieg Rechtens erhielt, und doch endlich, da sie ihre ‚Zeitigung'*) erreicht, als eine vieljährige Hexe verurteilt und verbrannt wurde. Das, was sie von ihrer Unschuld wegen ihres untadelhaften Lebenswandel bis ins 72. Jahr, daß sie niemanden beleidigt, noch jemals eine Übeltat begangen habe, schwatzt, sind alles unerwiesene Dinge und nicht zu glauben, und schließt keine Beweiskraft in sich. Über das Alter der Keplerin hat man keinen sicheren Grund. Dem sei aber, wie ihm wolle, und obschon dafür gehalten wird, daß in der Regel Greise nicht gefoltert werden dürfen und die Keplerin sich hinter dieser Regel zu verstecken hofft, so hat man sich doch wiederum zu berichten, daß in dem schrecklichen und verabscheuungswürdigen Falle der Zauberei auch solche hiermit beschwerte Personen torquiert werden können, welche nach den Regeln des gemeinen Rechts von der Tortur befreit sind.

---

*) d. h. da ihre Zeit gekommen.

Was die Widerlegungen anbelangt, so gelten hier gleichwohl vor allen Dingen die Reinboldschen Bezeugungen, daneben die Bekundungen des Vogtes Einhorn und des Herrn Spezials. Die Einwendung gegen die Minderjährigkeit der Zeugen, will sagen, solcher, die entweder noch unter 20 Jahren, oder doch von solchen Händeln deponiert haben, so sich in ihrem minderjährigen Alter zugetragen, ist ganz belanglos. Denn es wird jeder Verständige leicht ermessen, daß man in dergleichen verwickelten Sachen keine Wahl der Zeugen haben kann, und daß auch niemand so gar verteufelt, der etwas dergleichen Zauberisches in Gegenwart ansehnlicher, ehrlicher Personen ins Werk richten wird, wenn es ihm sonst nicht an seinem Willen mangelt. Es ist auf solche Zeugen um so mehr zu geben, welche das, was sie ausgesagt, mit eigenen Augen gesehen haben, seien sie nun alt oder jung.

Weil dann die Sache bewiesenermaßen beschaffen und die Verhaftete mit so vielen Anzeigen merklich beschwert ist, von denen manche allein schon die Tortur rechtfertigen, geschweige denn alle zusammen, hingegen die wenigste gute Vermutung, so sie von dem eingeklagten schrecklichen, abscheulichen Hexenwerk entschuldigen möchte, für sich nicht hat, dazu die Ursachen des Argwohns viel stärker sind, denn die zusammengesuchten und gefärbten Entschuldigungen, so mag vermöge der Peinlichen Halsgerichtsordnung die peinliche Frage zu gebrauchen sein.

Dem allen nach will klagender Fürstl. Anwalt die Sache der Tortur hiermit zur richterlichen Erkenntnis gesetzt und ein streng richterliches Amt um Erteilung der Gerechtigkeit und gebührenden scharfen Rechtens in bester Form angerufen haben.